U0938350

汪曾祺與女作家交往軼事

金實秋 著

汪曾祺參加"愛荷華寫作計劃"，與聶華苓和黑人作家合影。

汪曾祺將畫作贈予在美國的作家李黎。

汪曾祺與鐵凝合影。

汪曾祺與張潔（左二）合影。

汪曾祺與作家合影，左一是凌力，右一是陸星兒。

（汪朝供圖）

目　錄

序

高桌子低板凳都是木頭

汗朗

汪曾祺有不少作家朋友。有男作家，也有女作家。

這並不奇怪。作家本來就是有男有女，女性比例甚至相當高。不像有的職業基本都是女性，如幼兒園老師；有的則恰恰相反，清一色的大老爺們，如鋼鐵廠爐前工。處在這樣的環境中，一不留神，老頭兒就能認識幾個女作家，有的脾氣相投來往多些也屬正常。陝西華陰老腔有唱詞云：“他大舅他二舅都是他舅，高桌子低板凳都是木頭。”將前一句改成“男作家女作家都是朋友”，於汪曾祺倒是很相宜。

如今，金實秋先生將汪曾祺與女作家的交往情況，搜集整理，編撰成書，也算是獨出機杼，拾遺補缺，為人們了解這個老頭兒的全貌提供了不少素材。書中所述之事，有些是汪曾祺在文章中“坦白交代”的，有些是女作家的回憶作品中提及的，有些則源自汪家人寫的雜記。還有一些是金實秋先生繞世界“賅摟”來的。也真是不容易。

單看這些文章，人們可能會覺得，老頭兒在女作家中的人緣似乎不錯。汪曾祺的自我感覺亦如此。他在 1987 年從美國寫給家人的信裏說：“不知為什麼，女人都喜歡我。真是怪事。”為了加強説服力，他還特意轉述了聶華苓的一句話，説什麼“老中青三代女人都喜歡我。”一副臭美樣。老頭兒去美國，是參加聶華苓主持的愛荷華大學“國際寫作計劃”，信中所説的“老中青三代女人”，自然以作家為多。其實，老頭兒此行的好人緣並非“地根兒”就有，是他花費心思掙下的。

參加“國際寫作計劃”的中國作家，由中國作協和聶華苓共同商定。前幾期入選的作家有蕭乾、王蒙、艾青、丁玲、吳祖光、張賢亮、阿城、邵燕祥等人，名頭都很大。彼時汪曾祺在文壇雖然有一號，但也僅僅是有一號，不在風口浪尖上。因此作協推薦他參加國際寫作計劃時，聶華苓起初並不太熱情，希望找個影響更大的作家。虧得老頭兒的老朋友鄧友梅當時在作協負責對外交流，幫他説了不少好話，此事才算落停。

有了這段曲折，汪曾祺的美國之行自然不敢掉以輕心。出發前準備了幾篇談文學創作的演講稿，讓老伴兒翻譯成英文。我媽媽能夠用英文直接寫新聞特稿，連新華社請的外國專家都認可，給老頭兒翻譯兩篇演講稿還是勝任的。他還畫了不少小畫裝裱起來準備送人。為了適應外國作家的審美習慣，老頭兒還改變傳統構圖和用色，在畫面正中間畫上一個大陶罐，裏面插滿細細碎碎的小花，基調還是淺藍色的，構圖和用色都與西方靜物寫生有點接近。這種風格的畫他回國之後就不怎麼畫了，大概覺得不中不西，不成體統。到了美國，汪曾祺也很忙活。比如頻頻"炫耀"舞技，一次聚會能跳好幾支曲子。他跳舞的本事是解放前在上海和一個電影演員中叔皇學的，小說《星期天》描寫過此事。沒想到四十年後還派上了用場。比如在公寓弄幾樣小菜，請外國作家聚餐閒談，交流文學觀點，其中最受歡迎的是茶葉蛋。後來還有人照貓畫虎，用來招待老頭兒和別的作家。至於寫詩作畫，對他來說更是家常便飯。如此一番之後，效果很不錯，標誌之一就是"老中青三代女人"如何如何。到了最後，老頭兒成了聶華苓嘴裏的"汪大哥"。後來他們夫婦到中國訪問，還到家裏吃了一頓飯，很是高興。金實秋在這本書中有一篇是專寫老頭兒和聶華苓交往的，大體情況都在。

汪曾祺能和女作家保持良好關係，也是有"套路"的。常用手段有三，贈詩，送畫，吃便飯。這本書提到的不少女作家都享受過這種"待遇"。不過，這"三板斧"並非只針對女作家，男作家同樣沒少領受，像鄧友梅、高洪波、何立偉、龍冬、蘇北諸人，手頭都有老頭兒的畫。要不怎麼說“高桌子低板凳都是木頭”呢。金實秋先生也有老頭贈的毛筆題詞，文曰：“大道唯實 小園有秋”。老頭兒在句尾嵌入了實秋先生的名字，也還下了一點功夫的。汪曾祺送畫，有點成癮。遇到有眼緣的生人來訪，幾句客套話剛說完，他就會提出：“我送你一張畫吧。”主動送書的時候倒是不多。有時看看索書人不太對路，他會磨嘰半天才拿出一本作品集，慢慢騰騰簽上名字，還要叨咕兩句：“我的存書也不多了。”在老頭兒看來，送書是要花錢的，而且還不知該人看不看，得悠著點；畫畫本來就是自娛自樂，沒什麼成本，畫完了送人不心疼。這個邏輯實在很合理。他去世後，我們想給他出一本書畫集，這本是他晚年的一個念想。但是家裏那點兒存畫選來選去，真正精品不多，只能將就。看來，好畫都讓他送人了，包括女作家。這個老頭兒！

汪曾祺送給女作家的畫，有不少寫有針對本人特點的題跋，很有意思。他送給藏族女作家央珍的一幅畫的跋語是：“煙台櫻桃味甜多汁，藏妞一定要嚐嚐。”藏妞是老頭對央珍的昵稱，打第一次見面時就用上了。央珍文靜謙和，說話不多，但身上自帶一股高貴之氣。她曾對我說，西藏並不是許多人想像的蠻荒之地，當地有不少人受過良好教育，具有很高的素養。她們很小就知道喝咖啡，用香水，還能收聽國外廣播，一點不閉塞。回想起來，央珍的童年正是內地“破四舊”的時代，難怪她能有這樣的格調。老頭兒送給“藏妞”的這幅畫後來我在央珍家看到過，真是筆墨俱足，酣暢淋漓，畫面上紫紅色的大櫻桃都能聞出香甜的氣息，確實是精心之作。這也正常，我媽媽特別喜歡央珍，待她就像自家孩子一樣，一見面就問長問短，聊個不停，還總讓老頭兒找張好畫送給她。家裏“一把手”如此交代，汪曾祺焉敢不從？何況老頭兒本來也喜歡央珍兩口子。

汪曾祺能與女作家保持良好關係，很大程度是我媽媽的功勞。一些到家裏拜訪約稿的年輕女作家，她都能熱情接待，問寒問暖，説點體己話，她當過多年記者，和人交流是強項，對人又很友善。最後，好多人都和“師母”成了好朋友，老頭兒只能眼巴巴地排在後面。

老頭兒和女作家見面都談些什麼？這本書中涉及不多，似乎多是家長里短鹽鹹醋酸之類的瑣事，也談一些軼事掌故。這也符合他的處事原則。他在七十歲寫過一首詩，名曰〈七十抒懷出律不改〉：“悠悠七十猶耽酒，唯覺登山步履遲。書畫蕭蕭餘宿墨，文章淡淡憶兒時。也寫書評也作序，不開風氣不為師。假我十年閒粥飯，未知留得幾囊詩。”也寫書評也作序，不開風氣不為師，這是老頭最想表達的意思。這樣挺好。一個老頭兒，如果總是倚老賣老，誨人不倦，豈不煩人。老頭兒人緣好，還在不煩人。

推薦序

她們為何喜歡汪曾祺？

舒非

時光無情飛逝，一轉眼，文壇巨匠汪曾祺先生已經逝世將近三十載。時間也是最誠實的試金石：有的作家，可能曾經風靡一時，但隨著時間的流逝，漸漸被人遺忘；有的作家恰恰相反，隨著時間的推移和積澱，作品越來越受歡迎，如同美酒佳釀，越久越香濃醇厚，吸引更多的讀者和研究者。毫無疑問，汪曾祺先生就是如後者所述的這樣一位作家。作品如此受歡迎，讀者自然而然希望了解作者多一些，渴望看看這位寫下無數膾炙人口短篇和散文的汪曾祺之“廬山真面”——不錯，這本書就是為此而編寫的。

本書作者金實秋是汪老的高郵同鄉、忘年之交，還是中國內地著名的汪曾祺作品研究者。正如汪老長子汪朗在序言中所說：

“金實秋先生將汪曾祺與女作家的交往情況，搜集整理，編撰成書，也算是獨出機杼，拾遺補缺，為人們了解這個老頭兒的全貌提供不少素材。書中所述之事，有些事汪曾祺在文章中‘坦白交代’的，有些事女作家的回憶作品中提及的，有些則源於汪家人寫的雜記。還有一些是金實秋先生繞世界‘賅摟’來的。也真是不容易。”全書共有 27 篇文章，搜集數十位跟汪曾祺先生有過交往的女作家的點滴回憶，“女作家”是個概稱，事實上除了作家之外，還包括女學者、女記者、女書法家，也包括愛好文學的業餘作者。

汪老生前是頗受女作家們喜愛的，他自己也敏感地察覺到了：1987 年他應邀赴美，參加聶華苓主持的“國際寫作計劃”，寫信給夫人施松卿女士時就坦白交代説：“不知為什麼，女人都喜歡我。真是怪事。”而稱呼汪老為“汪大哥”的聶華苓也當面對他説：“老中青三代女人都喜歡你。”汪曾祺的老朋友，香港作家彥火寫道：“吾友小説家施叔青、曹又方、詩人王渝等女中豪傑，對他（汪曾祺）交加讚譽，表示若時光倒退，一定以身相許。這當然是講笑而已，但汪曾祺之受歡迎程度，可想而知。”

女作家一般都比較敏感細膩，洞察力強，男作家那麼多，為何偏愛汪曾祺？王安憶説得好：“汪曾祺也應該算是和我母親，和宗璞是一輩的，但他又是另一種，他是比較民間的。這個老頭子蠻好的，他真叫作親切啊，他很有趣，和他在一起非常舒服”。

汪曾祺先生當年應邀去美國，來回都途經香港。當時我在三聯書店任編輯，兩次都由我負責接待，有幸和汪老近距離接觸，的確讓我深深感受到汪老的這些特點和魅力。首先是他才華橫溢，文學藝術造詣深厚，從古典文學到現代文學都有獨到心得見解，濃厚的藝術氣質當然吸引愛好文學的女性同行。此外，有的才子高高在上，盛氣凌人，不易接近，汪老恰恰相反，非常平易近人。他的才氣那麼高卻從不外露，但“腹有詩書氣自華”，言談之中總能感受到他的博學與才華，難怪女作家們都喜歡跟汪老談文説藝。汪老待人誠懇，就像王安憶所説，他讓你感覺特別的親切，願意和他推心置腹。他還有問必答，毫無忌諱，説出來的看法往往非常中肯，一語中的。好比他跟我説到林徽因時，見解就特別中肯。除此之外，汪老出色的美食家手藝和品味也深受女作家們青睞。

汪曾祺在〈遙寄愛荷華〉一文寫道：“1988 年，安格爾和聶華苓訪問了大陸一次。作協外聯部不知道是哪位出了一個主意，不在外面宴請他們，讓我在家裏親手給他們做一頓飯，我説‘行！’聶華苓在美國時就一直希望吃到我做的菜（我在她家裏只做過一次炸醬麵），這回如願以償了。我給他們做了幾個什麼菜，已經記不清了，只記得有一碗揚州煮乾絲、一個熗瓜皮，大概還有一盤乾煸牛肉絲，其餘的，想不起來了。那天是蔣勳和他們一起來的。聶華苓吃得很開心，最後端起大碗，連煮乾絲的湯也喝得光光的。”在這本書裏，我們可以看到好些當代知名女作家如何評價汪曾祺，好比張潔曾經“奇怪為什麼諾貝爾獎沒有放在汪曾祺頭上。”她認為“汪曾祺的作品很高級，有種俗極而大雅的感覺。”張潔還感慨地說過，她“感到窒息的時候，便會翻開他的文字，不緊不慢地讀著……”“雲淡風輕的文字帶給我少有的寧靜和淺淡的愉悅。”汪曾祺最敬重的師母，沈從文夫人張兆和女士在汪老的喪禮上，含淚對汪老子女說：“汪曾祺是中國最後一個士大夫。”還對採訪的記者歎息道：“像他（汪曾祺）這樣下筆如有神的作家，今天是沒有了。”

“四人幫”倒台之後，汪曾祺因曾被江青叫去編寫《沙家浜》劇本而受到牽連，被迫陷入無休止的檢查交代，兩年多寫了十幾萬字的交代材料。汪曾祺心灰意冷，好長一段時間在鬱悶中虛擲時光，再也沒有創作的衝動和興致。雖然文壇一些老朋友像林斤瀾、鄧友梅等人多次鼓勵他再度寫小說，但真正為他“復出”助一臂之力的還有三位女士，是葛翠琳、梁清濂和王扶。

鐵凝是汪老最喜歡的女作家，他為她專門寫了〈鐵凝印象〉—— 說她有時有點像英格麗・褒曼，有時有點像費・雯麗 ——兩位都是汪老年輕時代好萊塢最漂亮最出類拔萃的女明星。

上面舉的只是個別的例子，在書中我們還可以看到包括宗璞、黃宗英、聶華苓、舒婷、施叔青、曹又方、王渝、“藏妞”央珍、黑孩、韓靄麗等人在內的女作家和汪曾祺的交往互動和深厚友情。整本書好像法國印象派的“點彩畫”一樣，通過一個個細小的點滴，描繪勾勒出汪曾祺先生的音容笑貌、性格魅力，使我們看到這位現代文學的巨人，對文學藝術的熱愛與執著；看到他待人處世的真誠以及妙趣橫生的可愛，真是栩栩如生。

2025 年 3 月 6–7 日

師母與賢契

———與張兆和

1997年5月16日，汪曾祺病逝於北京友誼醫院。得知這一噩耗的當天，張兆和就送去了花籃，花籃兩旁的黑色緞帶上寫著：賢契曾祺安息，兆和率晚輩敬輓。花籃置放在汪曾祺家靈台的前面，這是靈堂中置放的唯一一個花籃。5月28日，北京八寶山公墓弔唁大廳舉行了汪曾祺遺體告別儀式，年近八旬的張兆和執意要去送曾祺最後一程，她不僅是前來參加告別汪曾祺的人群中最年長的一位，也是來得最早的一批人。張兆和手執一朵待放的玫瑰，眼含著淚水，兩位晚輩攙扶著她，在《天鵝》樂曲聲中一步一步緩緩挪行……作家顧村言看了當時拍攝的照片，十分感動，在〈清冷與小溫〉中寫下這樣一句話："照片上的張兆和眼睛裏滿是淚水，浸滿了悲痛。"那天，張兆和對汪曾祺子女說：

“汪曾祺是中國最後一個士大夫。”當晚，有一位記者電話採訪了張兆和，她歎惜道：“像他（汪曾祺）這樣下筆如有神的作家，今天是沒有了。”這兩句話，當時就在媒體上廣為傳播，而在此後評價汪曾祺的文章中，其引用率也極高；可以毫不誇張地說，這大概是關於汪曾祺的評價中最具概括性和影響力的兩句話了。

張兆和曾給汪曾祺一封“很長的信”，這是他終生難忘的信，汪先生曾多次與別人說過，也在文章中再三提及。1946 年，汪曾祺在上海一時找不到職業，生活困窘，情緒極壞，甚至有了自殺的念頭。汪曾祺說，從文先生得知後，立即寫信“把我大罵了一頓”，“同時又叫三姐從蘇州寫了一封很長的信安慰我。”（汪曾祺〈星斗其文，赤子其人〉）信中說的三姐，即張兆和也，她在張家姐妹中是老三。這兩封信是老師、師母對他生命的挽救，讓他重新燃起生活的希望，對汪曾祺的一生，起到了關鍵性的作用，使汪曾祺終生銘記，終生感恩！

1961 年，汪曾祺又因右派問題下放到張家口農科所勞動，有時不免會消沉迷茫、心灰意懶。沈從文寫信鼓勵汪曾祺不要忘了寫作，他勸慰弟子說：“你至少還有兩個讀者，就是我這個老師和三姐，事實上還有（黃）永玉！三人為眾，也應當算是有了群眾！”汪曾祺一直保存著這封信，可惜在“文化大革命”中遺失了，但信中重要的話，他記得清清楚楚，腦海中常常縈迴著信中的這段貼心的激勵之言。

1961 年，汪曾祺寫了小說〈羊舍一夜〉，便隨即給了沈從文和張兆和，並寄交《人民文學》編輯部。當時《人民文學》編輯部負責京津及華北地區初審的崔道怡看了，十分喜歡“這種純正優美、詩韻溫馨的小說。隨即提交複審”。其時張兆和也任職於《人民文學》，與崔道怡同事，她對崔道怡介紹說，曾祺是從文的學生，文筆很好，並建議請黃永玉為小說做插圖。當時，張兆和的話，無疑是有一定分量的，也是起到了積極作用的。

從文先生八十壽辰，他自己不告訴人準確日期，汪曾祺去問，他則說已經過了。汪曾祺“只好寫了一首詩補為之壽”，曾祺隨後便寫信告訴林斤瀾：“他一家看了都很高興。”當然，這個“一家”，首先就是沈先生和師母！

對三姐給他的肯定和讚許，哪怕只是一言兩語，汪曾祺都是很在意的。有一次在沈先生家，他們師生倆聊起了從文先生的〈月下小景〉，汪曾祺說：“菌子已經沒有了，但是菌子的氣味留在空氣裏’，這寫得很美，但是我還沒有見到一個作家寫到甲蟲的氣味！”這時，張兆和“因為我發現了這一點而很興奮，說：哎！甲蟲的氣味！”（汪曾祺〈與友人談沈從文——給一個中年作家的信〉）

至於張兆和對孩子、保姆的“抒情氣氛”，汪曾祺也有文字流露了他對師母的“尊崇”。比如，“沈先生、沈師母和兒子、兒媳、孫女是和睦而平等的。”“有一陣，兒子、兒媳不在身邊，孫女跟著奶奶過。這位祖母對孫女全不像是一個祖母，倒像是一個大姐姐帶著最小的妹妹，對她的一切情緒都尊重。……去年春節，孫女要搞猜謎活動，祖母就幫著選擇、抄寫，在屋裏拉了幾條線繩，把謎語一條一條粘掛在線繩上。有客人來，不論是誰，都得受孫女的約束：猜中一條，發糖一塊。有一位爺爺，一條也沒猜著，就只好喝清茶。”沈先生請過一位保姆叫王嫂，和沈家一直相處極好。離開沈家多年，還一直和沈家來往。王嫂“去年在家裏和兒子慪了一點氣，到沈家來住了幾天，沈師母陪著她出出進進，像陪著一個老姐姐。”（汪曾祺〈我的老師沈從文〉）

因有刊物約汪曾祺寫關於沈從文轉業的文章，汪曾祺要夫人施松卿打電話給張兆和，張兆和很是支持，說“叫曾祺來一趟，我有話跟他說。”張兆和給了汪曾祺幾封沈從文的信，汪曾祺說，“看了這幾封信，我對沈先生轉業的前因後果，逐漸形成一個比較清晰的輪廓。”（汪曾祺〈沈從文轉業之謎〉）

1992 年 10 月 24 日，學者巨文教就沈從文研究中的一些問題，專程拜訪請教了張兆和。臨別前，巨文教告訴張兆和，明天將去拜訪汪曾祺。張兆和對他說：“到汪先生處，會有更多收穫。”這一句話，使我們真切地感受到張兆和對汪曾祺的信任與讚許，並由此感悟到汪曾祺對從文先生的了解與理解已達到何等的廣度和深度。

沈從文先生去世後，汪曾祺協助張兆和參與了《沈從文全集》和《沈從文別集》的編輯出版工作，並應邀擔任這兩本大書的顧問。同時先後參加這兩本大書編輯工作的張永中先生還記得一個細節：在編輯《全集》期間，張兆和曾幾次請有關同志吃飯，"一次是專門去全聚德吃烤鴨。那天，汪曾祺先生也在，還喝了點酒，臉呈了醬紅，講話聲音有點嘶啞，卻洪亮。"（張永中〈杜鵑聲裏的記憶——關於沈從文墓的一些舊事〉）從文先生在世時，曾有個願望，即"把自己的作品好好選一下，印一套袖珍本小冊子，便於收藏攜帶，便於翻閱"，並基本選定了作品。他去世不久，嶽麓書社與吉首大學沈從文研究室迅速就編輯工作進行了溝通、磋商並達成共識。在為這套袖珍本定書名時，汪曾祺起到了一錘定音的作用。借汪朗的話說，這書名是老頭兒"踅摸"出來的。開始，這套書名擬叫《沈從文作品選》，大家認為太俗，不好。叫《沈從文作品精選》吧？感覺也是流於一般了。最後，汪曾祺建議為《沈從文別集》，張兆和與同事們都覺得好，一致欣然從之。

用學者郜元寶的話說，"汪曾祺對這位師母是非常崇敬的。"（郜元寶〈汪曾祺寫滬語〉）此言不虛也！這種崇敬，雖與老師沈從文不無關聯，但三姐的文學天賦和仁者情懷，是汪曾祺由衷崇敬的根本緣由。張兆和是名副其實的才女，早在中學二年級，她就創作了劇本《王昭君》，並發表在樂益女中的畢業校刊上。她的第一篇小說〈湖畔〉，於 1934 年即刊發於巴金主編的《文學季刊》上，巴金說，“她的短篇小說〈湖畔〉受到讀者歡迎。”（巴金〈懷念從文〉）這一年，張兆和才二十四五歲。1941 年，她以《湖畔》為書名的五篇小說結集由文化生活出版社推出。1999 年 11 月，上海古籍出版社將《湖畔》列為民國女作家“虹影”系列叢書，與蘇雪林、張愛玲、林徽因等排為一列。有研究現代文學的學者認為，張兆和的小說“若署上她丈夫的名，也看不出絲毫端倪”。也有人認為她“是現代文學史上一位被深深遮蔽掉的作家”。儘管這只是一家之言，但她卓越超凡的文學才華卻是不可否認的。值得一提的還有，早在 1933 年，她翻譯了英國女作家瑪麗・安・蘭姆的小說〈我的水手舅舅〉，刊發於《西湖文苑》第一卷第三期上。於此，亦可窺見她在閱讀層面和翻譯上的才華。而至於說到張兆和對沈從文在文學上、學術研究上的作用，那更是公認的了。尤其是沈從文去世後，她對整理出版沈從文作品集、對沈從文研究的貢獻，得到了文學界的高度評價。《沈從文傳》的作者、美國漢學家金介甫說，“我每次訪問沈從文，至少有張兆和先生在場幫助翻譯。”因為，沈從文只會說湘西話，別人很難聽得懂，這時張兆和就起到了“翻譯”的作用。學者陳子善也採訪過沈從文，也聽不懂沈先生的“湘音”。他說：“老人家很風趣，他講了以後會笑，但我不知道他笑什麼。有時候張先生在，她會做翻譯，有時候張先生不在，我只能不懂裝懂。”張兆和不僅充當了翻譯的角色，有時也是沈從文作品的助編與審讀。沈先生的《中國古代服飾資料》，是三姐幫助整理校對的。有時還要為沈先生改信裏和作品中的訛誤。在一封信裏，張兆和直率地批評從文先生：“你這個字，老是用錯，我給你改過多少次，你還是用錯！”蓋沈先生用字不規範也。汪曾祺說張兆和是沈先生文集的“一個極其細心、極其認真的義務責任編輯”，毫不誇張，確實如此；這兩個“極其”，亦表達了汪曾祺對三姐的崇敬之心、感佩之情。

汪曾祺寫三姐的文字雖著墨不多，但小中見大，寄情深厚；張兆和對汪曾祺評論不過是片言隻語，然卻言簡意賅，一語中的。沈從文與汪曾祺的交誼眾所周知、膾炙人口；然而論及張兆和與汪曾祺的交誼，所知者則不多矣。以愚之管見，這是不應該被歲月淡忘的。

性情中人

——與宗璞

說到這個話題，必須提起宗璞的散文名作〈三幅畫〉。這篇散文曾入選《中學生讀本》，並作為語文考題和作文讀本為幾十萬中學生、大學生們所熟知，也為廣大“汪迷”所激賞。

文章以汪曾祺給宗璞的三幅畫，寫出了一個多情多義的“性情中人”。我印象最深的有三處。第一處是說汪曾祺在話劇《家》中扮演的老更夫，“鳴鳳鬼魂下場後，老更夫在昏暗的舞台中間，敲響了鑼，鑼聲和報著更次的喑啞聲迴盪在劇場裏，現在眼前還是那老更夫的模樣，耳邊還有那聲音，澀澀的，很苦。”那時，汪曾祺在西南聯大就學。這個場面給宗璞“印象最深”，也不禁使我印象最深。第二處是說汪曾祺在為宗璞畫的牡丹圖上，“空白上有煙灰留下的一個小洞”，宗璞“囑裱工保留此洞”。為什麼要保留此洞，宗璞沒有說，但我覺得別具意蘊，使人思緒悠遠。第三處說的是《水仙圖》，圖上有一行小字：“為紀念陳澂萊而作。寄與宗璞。”宗璞寫道：“澂萊乃我摯友，和汪兄也相識，五十年代最後一年，澂萊與我一同下放在涿鹿縣……澂萊於1971年元月在寒冷的井中直落九泉之下，迄今不明原由。我曾為她寫了一篇〈水仙辭〉的小文。現在誰也不記得她了，連我都記不準那恐怖的日子，汪兄卻記得水仙花的譬喻，為她畫一幅畫，而且說來年水仙花發，還要寫一幅。”汪曾祺記得水仙花的譬喻，其實是記住了那時的歲月、那時的朋友。

汪曾祺還給宗璞另外一幅畫——第四幅畫，那是女作家徐小斌說的。小斌是宗璞的朋友，她也認識汪曾祺，在全國作代會上，她還與汪曾祺合影過。小斌在〈清靜淡泊的宗璞〉文中寫道：“汪曾祺稱宗璞為道兄”，“宗璞的寫作間裏掛著一幅寫意荷花，就是汪曾祺所畫。荷花設色單純，古樸典雅，清水出芙蓉，天然去雕飾，這大概是汪老的深意所在吧。”我揣測，這幅荷花圖當在宗璞作〈三幅畫〉之後畫的。

在汪先生給宗璞的幾幅畫中，有一幅牡丹圖是題了詩的，五絕一首：

人間存一角，聊放側枝花。

欣然亦自得，不共赤城霞。

汪先生對這首題畫詩比較滿意，而對於馮友蘭就此詩的點評則近乎得意了。汪曾祺說，“宗璞把這首詩念給馮友蘭先生聽了，馮先生說，‘詩中有人’。”（見汪曾祺〈自得其樂〉）馮友蘭者，宗璞之令尊大人也，大哲學家，大教育家。汪曾祺在西南聯大讀書時，馮老先生任該大學文學院長，既忙於教學，又當大學領導，其所撰流芳百世的《國立西南聯大紀念碑碑文》，更令西南聯大學子終生難忘！得馮老院長這四字之譽，學生豈不大樂乎！詩言志耳。其“詩中有人”，愚以為人謂宗璞，亦汪先生之自喻也。〈三幅畫〉中，宗璞也寫到了馮老先生對詩的品評。文曰：“父親看不見畫，聽我唸詩後，大為讚賞，說用王國維標準來說，這詩便是不隔。何謂不隔？物與我渾然一體也。”可見，馮老先生真是太喜歡汪曾祺這首詩啦！

1981 年，江蘇《鐘山》編輯部邀請一些知名作家參加“太湖筆會”活動，宗璞、汪曾祺都去了。那天作家們遊覽太湖風光，忘情山水，十分盡興，宗璞甚至說自己已經有點得意忘形了。這時，汪曾祺遞給她半張撕破的香煙紙，紙上寫著一首詩：

壯遊誰似馮宗璞，打傘遮陽過太湖。

卻看碧波千萬頃，北歸流入枕邊書。

宗璞看了很開心，即想回贈一首，船上文友亦出手相助。大概是心有旁騖吧，宗璞說，她們“亂了一番，終未得出究竟。而汪兄這首遊戲之作，隔了五年，仍清晰地留在我記憶中”。同船的陳建功對此也留有印痕，他在談宗璞的一篇文章中描述了那天的情境：“記得當時汪老的詩我們在場每一位傳覽過，每一位讀者，無不喝彩。我記得宗璞大姐當場也依韻打油了一首的，雅謔處可與汪老絕句相得益彰，其中專有一句是幽我一默的。可惜年代久遠，已經記不得了。或許宗璞也記不得了，因此她也只好在文末寫道：‘亂了一番，終未得出究竟。’”（陳建功〈宗璞大姐二三事〉）

林斤瀾先生有言：論語言，在男作家中，汪曾祺第一；女作家中，宗璞第一。（見程紹國〈情到深處 —— 回憶作家汪曾祺〉）可喜的是，這兩位第一，他們是文人相親不相輕。汪曾祺多次向別人說過宗璞，他對先燕雲說，“宗璞熟讀《世說新語》”；向衛建民說，“寫散文，像宗璞說的，要有真情實感”；他還向香港出版家古劍推薦說，“宗璞（馮友蘭的女兒）散文寫得不錯”；向台灣《中國時報》第十二屆時報文學徵文獎推薦了宗璞的作品……

最後，講一個文學外的汪曾祺與宗璞的“段子”吧。1981年，江蘇《鐘山》舉辦太湖筆會（也就是汪曾祺在船上撕張香煙盒紙寫“壯遊誰似馮宗璞”詩的那一次），主人舉辦了一次宴會，“當一盤代表無錫風味的清蒸鱖魚端上桌之後，大家都吃大魚，而汪老卻挑小的。眾人不解，問之，汪老笑而不答，要他們搛一塊嚐嚐。一嚐，小魚果然鮮美異常，眾人忙問什麼道理，汪老說，小的是活的。又問，你怎麼知道？答：看吧。真是獨具慧眼。大家尚在尋究奧秘所在，而聰敏的宗璞則看出了訣竅，她看汪老的筷子行事，汪老吃什麼，她就搛什麼，果然味道均佳。以後每逢宴會，宗璞總是坐在汪老的旁邊，既聽到了津津有味的食經，又不會錯過一道美味。”（見王幹〈美食家汪曾祺〉）這非王幹所虛構，其時他在江蘇作協工作，其文乃“在場”記實。1991年 9 月，汪曾祺最後一次回故鄉，高郵市文聯設宴招待汪老夫婦，餐中當然少不了清蒸鱖魚，席間，汪老也頗有興致地說了這件事。

〈三幅畫〉的尾聲有宗璞的一段肺腑之言，她感慨地寫道：

> 從前常有性情中人的說法，現在久不見這詞了。我常說的“沒有真性情，寫不出好文章”的大白話，也久不說了。性情中人不一定寫文章，而寫出好文章的，必有真性情。
>
> 汪曾祺的戲與詩，文與畫，都隱著一段真性情。

我認為，汪曾祺是性情中人，宗璞也是性情中人。

劇團同事

———與梁清濂

汪曾祺與梁清濂是北京京劇團的同事。汪曾祺從一九六二年調入劇團起，一直就在劇團幹編劇工作；梁清濂從學校畢業後，分配到劇團任編劇，也從來沒有離開過劇團。他們工作在一個辦公室，梁清濂可以說是汪曾祺一生在工作中接觸最多、相處最長的女性同事和朋友。汪先生一九二〇年生，梁清濂一九三三年生，梁清濂一般稱汪曾祺為“老汪”，有時也叫“老兄”。從某種程度上說，他們如同志加兄妹，志同道合，互相關心；當然，更多的是汪曾祺在工作上對梁清濂的指點與提攜。

梁清濂到劇團不久，她創作了第一部京劇劇本《南方來信》，汪曾祺幫她潤色了唱詞。此劇於一九六五年四月二十六日、二十七日由北京京劇團正式對外演出，反映不錯，此中自有汪先生之功也。哲嗣汪朗曾在《歲月留痕》中回憶說：“梁清濂寫劇本，爸爸看了以後，經常拷問：‘這句詞是從哪兒抄來的？’逢到梁說：‘這句還真沒有抄，是自己想出來的。’爸爸便會說：‘好詞。有東西。’有時爸爸也幫忙加工劇本……梁清濂寫的第一個劇本《南方來信》，唱詞就是爸爸幫助潤色的，後來上演了。之後梁清濂寫出了《驛亭謠》等幾個有影響的劇本，爸爸看了很高興，幾次說好話。”

關於《驛亭謠》，梁清濂一個作家好朋友在〈我本來就不漂亮〉一文中有生動的細節描寫：

> 有一天，梁清濂滿懷激情地告訴我，自己寫了一個劇本，叫《驛亭謠》，還說劇院正在排練，不久會公演……劇本編排有機趣，文字圓潤且蘊涵詩意。當我讀到唱詞中的“枯木幾抹照殘陽，赤地千里對碧霄……”對句，不知怎地聯想到汪曾祺。這個戲的首演在吉祥戲院，它坐落在王府井，是上座率最好的劇場……首演那天，梁清濂給我打來電話，說：“你的戲票，我來不及寄了，咱們劇場門口見！找我或找汪曾祺都可以。”
>
> 一聽這話，我更明白了：這個戲汪曾祺是幫了忙，他連戲票的事兒都管。我提前半個小時到達。沒有看到梁清濂，

只見汪曾祺在劇場門口，手裏捏著一些戲票，我趕忙湊到他跟前，自報家門。

他說："我早就知道你。"說罷，把手裏的幾張票翻過來看，他遞給我那張戲票背後有我的姓名。

汪曾祺對《驛亭謠》之創作、演出如此關心備至，這是相當罕見的，梁清濂創作《驛亭謠》之際，正值汪曾祺創作的旺季，而且還有不少諸如筆會、講課要參加，若是一般人，汪先生那是不可能自願付出那麼多的精力與時間的。

汪曾祺還給梁清濂創作的《雷峰夕照》"說好話"——在〈淺處見才〉一文中，汪先生"狠狠地"表揚了梁清濂的唱詞。他說，"京劇唱詞只能在敘事中抒情，在賦體中有一點比興，《四郎探母》'胡地衣冠懶穿戴，每日裏花開見的心不開'，我以為這是了不起的好唱詞。新編的戲裏，梁清濂的《雷峰夕照》裏的'去年的竹林長新筍，沒娘的孩子漸成人'，也是難得的。"此文見陸建華主編《汪曾祺文集·文論卷》，江蘇文藝出版社 1993 年出版。

對梁清濂創作的《鼓盆歌》，汪曾祺也頗為關注。一九八七年二月二十三日，汪曾祺為《鼓盆歌》致信翁偶虹。翁為戲劇界的前輩，一生創作、改編劇本佳作甚多，膾炙人口。在給翁老的信中，汪曾祺一是對翁讚稱《鼓盆歌》的一首詩"斗膽"提了"一點小意見”。二是提了一個建議——建議在《新劇本》上發表翁老的詩，“如能寫一小序，更好！”換一個角度說，此信的真實意圖是欲以翁老的影響為梁清濂的《鼓盆歌》宣傳助威耳！借用汪曾祺此信中的話來講，這也體現了汪曾祺的“長者之風、仁者之風”。

順便說一下，汪曾祺在劇團並不是只為梁清濂出主意、改唱詞，汪曾祺還為劇團《昭君出塞》進行了重要修改，將劇中主角王昭君原有的怨恨之情改成了思鄉之情，突出了王昭君的“自願請行”，汪曾祺還把《昭君出塞》的唱詞從頭至尾順了一遍，改了一些唱詞及唸白；甚至還為此劇寫了說明書。北京京劇團分出去的北方崑曲劇團改編的《岳母刺字》，汪先生悉心指點編者如何修改提高外，還專門為此劇加寫了一大段類似《紅燈記》敘家史的唸白，在演出時收到了滿堂喝彩的效果。崑曲劇院的陳婉容對此事印象尤深，感觸很大，在她的《憶汪曾祺老師》中特地寫下了這件事。

汪曾祺還與梁清濂合作寫劇本。一九六九年三月，汪曾祺和梁清濂及薛恩厚將《杜鵑山》改編為《杜泉山》。一九七八年至一九七九年，汪曾祺將曹禺的話劇《王昭君》改編成崑劇，還與梁清濂一起改編為京劇劇本。一九八一年，汪曾祺、梁清濂再度合作，創作了京劇劇本《裘盛戎》，這是汪先生較為滿意的一個劇本，傾注了他的一片熱忱和滿腔心血。劇作家蘇叔陽譽之為“是個不同凡響的好劇本”，他的摯友楊毓珉亦云“曾祺晚年的劇中最好的一齣戲是《裘盛戎》”。此劇曾由北京京劇院三團彩排演出。一九八一年八月十六日的《北京戲劇報》則說：“這是京劇舞台上首次出現藝術家的人物形象”。

汪朗曾比較詳細地記述了創作的原委：“文革”之後，裘盛戎又紅了起來，電視、廣播中常有裘派名劇，各種回憶文字也有不少。一次爸爸在劇團的同事梁清濂聽到一個寫裘盛戎的廣播劇，有一段說的是裘盛戎的徒弟“文革”造反整他，後來這個徒弟得了病，裘盛戎知道了還買藥給他吃，梁清濂很有感觸，向劇團的演員核實了細節，又瞭解了不少其他情況。梁清濂回來把這些事說給“老頭兒”聽，“老頭兒”聽的淚流滿面，馬上說寫一個劇本，兩個人商量了提綱，由爸爸主筆，很快就把《裘盛戎》的劇本寫了出來。

後來，《裘盛戎》於一九八五年第三期《新劇本》發表，署名為汪曾祺、梁清濂合作。鄧友梅還把劇本推薦給香港《大成》雜誌發表。汪先生去世後，有的書及文章中在此劇署名上沒有了梁清濂，想必自有原由，但從上引汪朗所言看來，對於《裘盛戎》的創作，梁清濂是不能不置一詞的，至少是為汪曾祺的創作提供了契機和部分素材。

對梁清濂最值得一提的是她對汪曾祺〈受戒〉發表所起的作用。可以說，梁清濂是〈受戒〉的第一讀者，也是第一個向其他人推薦〈受戒〉和第一批讚揚〈受戒〉的作家。許多讀者也許已熟知下面所引的一段話：

> 梁清濂讀了〈受戒〉初稿後，驚訝地說，小說還能這麼寫？她給楊毓珉看："我不懂，你看能發表嗎？"楊毓珉在一次會上介紹〈受戒〉的內容，引起在場的《北京文學》編輯部負責人李清泉的注意。（見陳徒手《人有病 天知否》，2011 年人民文學出版社）

經李清泉拍板，〈受戒〉在一九八〇年十月號《北京文學》發表。小說立即引起了文壇很大震動，且引起了一些老"左"的嚴厲指責與批判，梁清濂於此時迅速撰寫了〈這樣的小說需要嗎——讀《受戒》有感〉一文，刊發於一九八〇年十二月十一日《北京日報》。梁清濂犀利地說："這篇小說實在太特別……它距離新中國成立以來的文學正統較遠，這樣的作品見諸公開的刊物，好像還是第一次。但讀了這篇小說，人們都說好。"梁清濂高度讚譽道："作者以他豐厚的生活，給我們創造了一個歡樂的世界，美好的世界，允許發展人性的世界。對於我們這些多年來一切都離不開呆板的條條框框的人，見到這樣的世界，不能不說是感到一股清風，不能不引起一種對自由的嚮往和對美的快感。在重新建築一代人精神美的大廈裏，這樣的小說，它給人美好，催人向上。這樣的小說是需要的。”

必須說一下，梁清濂對〈受戒〉的支持與肯定，絕非是一時的衝動。“四人幫”倒台後不久，汪曾祺的一些老朋友如林斤瀾、鄧友梅、葛翠琳等曾多次催促他“拿起筆來，再寫小說”，梁清濂也勸過汪曾祺寫小說。因為汪曾祺曾把他一九四九年出版的《邂逅集》帶給梁清濂看過，那時梁清濂已認識到汪曾祺的文學才華，認可了汪曾祺的審美境界。

梁清濂曾親口告訴汪朗：“當時搞創作，都要成立個小組，大家一起討論提綱，然後每人分頭寫幾場，別人還在齜牙咧嘴構思整詞兒時，老頭兒已經交了卷，抽煙喝茶找人侃大山去了。”欽佩之情，溢於言表。

梁清濂是一個懂感恩、重情義的人。汪曾祺、梁清濂在同一個單位，同一個辦公室工作了多年，汪曾祺如長兄那樣悉心關愛梁清濂，梁清濂也似小妹一般真誠體貼汪曾祺，並且還從政治上關心汪曾祺。“文革”期間，江青批示要對汪曾祺“控制使用”，也是梁清濂透露給汪的；多少年後，梁清濂還清楚地記得當時的情景：江青批了“控制使用”，是我事後告訴汪的，他老兄在飯桌上汗如雨下，不說話，臉都白了，當時不是夏天，他出了這麼多汗，自己解釋說，“反右”時挨整得了這毛病，一緊張就出汗，生理上有反映。

一九八六年，汪曾祺加入中國共產黨，梁清濂是他的入黨介紹人。這個事，他們兩位幾乎沒有向別人說過，所以鮮為人知，甚至相關的汪曾祺傳記都未提及。只有陳其昌在〈汪曾祺的愛國情懷〉中才公開向外界透露。（見 2021 年 6 月 27 日“汪迷部落”）陳其昌者，資深汪迷也，曾任高郵文聯駐會主席。是家鄉人中唯一在北京友誼醫院太平間向汪老遺體三叩拜告別的人。

汪曾祺的知交摯友林斤瀾也熟悉梁清濂，他曾與程紹國說起過梁清濂——“有時路過京劇團，汪曾祺叫我和她一起吃飯，他把菜湯端到梁清濂那裏，由梁清濂加工一下，三人一起吃”（見程紹國《林斤瀾說》，人民文學出版社 2006 年）

一九九七年五月十六日，汪曾祺不幸因病辭世。五月二十八日，汪曾祺遺體告別儀式在北京八寶山公墓舉行。梁清濂滿懷悲痛參加了告別儀式，向汪兄作最後的告別。那天，“劇院開了一輛大轎車去，車上只坐了七個人，其中有兩位工作人員。”梁清濂感歎地說：“當時感覺真不是滋味，劇團來的人這麼少。單位的年輕人不認識汪曾祺，可以理解，而那些老演員一個都沒來。”這話她與作家陳徒手說過，她實在是感到痛心、太痛心了！為撰寫〈汪曾祺的“文革”十年〉，陳徒手曾幾次採訪梁清濂，他說，

“梁清濂對汪曾祺的回憶總是貼近、具體、親切，字裏行間仍有愛意。”我想，這不僅僅是陳先生的感受，大概讀者也會有同樣的體會吧。

行文至此，不禁使我想起女作家張潔的幾句話。汪老去世三年後，她寫了一篇悼念文章，題為〈清暉依舊照簾櫳〉，刊 2000 年 9 月 19 日《北京青年報》。張潔說，以前“間或聽到有關汪老哥的小‘花邊’，‘無非喜歡女人而已。”她說：“‘喜歡女人算什麼！’‘我與他相識之後，從未聽說他與哪位女人的關係過界，所謂喜歡女人，也無非是對哪位女人說些無傷大雅、皆大歡喜的恭維話。好比哪位像電影明星，或仁者見仁、智者見智地提攜一下哪位女性後進；或為哪位女人的文章說點好話；還有那麼點溫暖⋯⋯輕易就被惡意揣測的女人，在他那裏總可以得到一些善待⋯⋯，而已而已。”

我相信張潔說的話，我贊同張潔的看法。

靈魂上的朋友

——與張潔

資深學者、出版家汪家明在接受《中華讀書報》記者採訪時有一段對話——

中華讀者報：如果您有機會見到一位作家，在世的或已故的，您想見到誰？

汪家明：汪曾祺，或者張潔。我真的很想念他們。

這是汪家明的想念，我以為，有相同或近似想念的讀者至少數以萬計；我，就是其中之一。

著名出版家、三聯書店原老總范用是汪曾祺的摯友，也是張潔的知音。他曾向台灣詩人、時為《幼獅文藝》總編的瘂弦同時推薦過汪與張的作品。當時，汪、張的稿子已是大陸的"搶手貨”、“熱銷貨”了，而港台報刊則更需要“難度高（不易得到）”的作家的作品，“以光篇幅”。瘂弦在 1993 年 3 月 21 日覆函范先生云：“張潔的散文，則交《幼獅文藝》發表……汪曾祺的〈晚年〉適合‘聯副’目前的編輯旨趣，不過此文已在大陸發表，按《聯合報》社方規定，不發表作家在大陸刊過的作品，所以我把汪先生這三篇交給《幼獅》處理，另外寫信給汪，請他另外新寫文章給‘聯副’。”（見《范用存牘》）

1996 年 12 月，范用、王世襄等在京文化老人組建了一個“美食人家”好吃會，創始會員十二人，其中有馮亦代、黃宗江、丁聰、吳祖光、許以祺等人，汪老先生、張潔女史均為創始會員也。曾見過許以祺拍攝的范用與汪曾祺、張潔三人在飯桌上的照片，當是好吃會上的合影。遺憾的是，半年左右後，汪老即因病仙逝了。

在美食上，張潔可謂汪曾祺的知音也。據王幹說，張潔為了能夠品嚐汪先生親手烹飪的佳餚，曾特地邀請汪老到她家去做了一桌菜。

至於在創作上，張潔更是汪老的知音。“張潔奇怪為什麼諾貝爾獎沒有放在汪曾祺頭上。她認為汪曾祺的作品很高級，有種俗極而大雅的感覺。”（見姚育明〈閒說汪曾祺〉）。張潔應邀在美國威斯康大學講學，曾親自指導大學生們閱讀理解汪曾祺的作品。

張潔感慨地說過，“感到窒息的時候，便會翻開他的文字，不緊不慢地讀著……”“雲淡風輕的文字帶給我少有的寧靜和淺淡的愉悅。”

最令人感佩的是，她還對那些有意無意中傷汪曾祺的流言蜚語給予了有力的抨擊，彰顯出張潔所特有的孤傲之風和俠義之氣！她的激憤之言振聾發聵，使人拍案叫好！她說：“間或聽到有關汪老哥的小‘花邊’……無非是喜歡女人而已。喜歡女人算什麼，男人不喜歡女人反而奇怪了。年輕時與女人的關係如何我無從得知，那即便如何又怎樣？我與他相識後，從未聽說過他與哪位女人關係過界（過界又怎樣！）”。

張潔曾寫過一篇感人至深的散文，記敘了她與馮驥才交往的一些往事，題目是〈你是我靈魂上的朋友〉，她與汪曾祺，不也是靈魂上的朋友嗎？

當是我目力所限吧，在我所看到的資料中，未看到汪先生說過張潔，只有山西作家烏人發表在 2019 年第 6 期《上海文學》上的一小段文字。1987 年底，汪曾祺從美國愛荷華“國際寫作計劃”活動結束回京，不久，烏人去看望他，談話如下：

“那年，張潔在美國就讓黑人搶了一回”。我（烏人）笑著說："怎麼搶的？"汪先生說："她在大街上走著，看見一個黑人在前邊摔倒了，就趕過去扶他。沒想到，人還沒扶起來，那黑人順勢一伸手，就把她手裏的錢包搶走了。她忙喊：有人搶我的錢包了！可誰聽得懂呀……"（見烏人〈尋蹤汪曾祺〉）

作家張守仁在〈文人作家汪曾祺〉一文中說，"我曾在張潔和平門的寓所裏，看見她新裝修的素牆上掛著一幅汪先生的《水仙》，水仙們亭亭玉立，蔥綠可愛。"古哲時賢常以水仙喻人之高潔，"冰魂月魄水精神"、"歲寒不改雪霜姿"，云張潔是當代文壇上的"水仙"，名至實歸也。而池莉讚譽張潔那般"英氣剛烈的嫵媚"，這七個字真是說得太好了！太俏了！（池莉〈有些著名作家的貪饞相〉）

我們像自家人一樣

——與韓藹麗

"老汪頭"，這樣稱呼汪曾祺的是"小韓"——韓藹麗。韓藹麗當時也不小了，但汪夫人總是這樣稱呼她，這樣叫顯得親近、親切。韓藹麗有時也自稱"小韓"。1994 年初，韓藹麗在北京十月文藝出版社出版了散文集《蒼狗白雲》，書一出來，她就送了好朋友凌力夫婦一本，書上的落款就是"小韓"。

韓藹麗與汪曾祺相識於 1981 年 8 月的一次筆會。這次筆會是《北京文學》老主編李清泉倡導舉辦的，主要目的是組織一些作家"蹲在招待所裏埋頭寫"。洛陽紙貴的〈受戒〉就是李清泉拍板在《北京文學》發表的，汪曾祺自然是名單在冊。韓藹麗當時風華正茂，創作勢頭正旺，其小說〈湮沒〉一時為文壇所矚目，讀者報以青睞，她也應邀參加了筆會。筆會安排在山東青島的黃島，汪曾祺在那裏安心安意地寫了小說〈徙〉。韓藹麗有空總喜歡到他那裏坐坐、談談。一天，汪曾祺讓韓藹麗看他寫的稿子。韓藹麗接過來一看，汪曾祺的稿子是用毛筆寫的，“一水娟秀的小楷”。韓藹麗驚奇之餘認真看了，不由心想：“這長相，個頭，穿著皆不起眼的人，寫的小說可是一流的，行雲流水，天馬行空，似乎沒說什麼，卻什麼就說了。”初次見面，韓藹麗當然不會直呼其名，更不會叫“老汪頭”的，但互相了解了，熟悉了，走動多了，不經意間稱呼就變了。

至於韓藹麗私下裏叫老汪頭，應該在與汪曾祺認識後不久。韓藹麗有一位好朋友，是浙江的女作家袁敏，其時供職於《江南》雜誌，她們相識於 1982 年。那年《收穫》與四川人民出版社聯袂舉辦“峨眉山筆會”，兩位應邀參加，一見如故。在相處中，袁敏覺得韓藹麗“心高氣傲，看人閱文十分挑剔，那一群文壇大腕，她看得上的似乎沒有幾位”，但她特別看重汪曾祺。袁敏說：“聽說我喜歡汪曾祺的作品，便一直和我聊汪曾祺其人其事。言談中，他一口一個‘老汪頭’，喚這位在我心中有著仙風道骨氣質讓我無比崇拜的作家，就像喚一個鄰家大爺似的。”韓藹麗還得意地告訴袁敏，她“替人去找老汪頭約稿，約他參加筆會”，“他一次也沒拒絕過我”。

“老汪頭”這個稱呼，不僅頗有創意，似乎還有一定的感染力；更重要的是，這個稱呼得到汪曾祺本人及他全家的認可。峨眉山筆會活動結束回北京後，韓藹麗便帶著袁敏去拜望汪先生。袁敏老老實實地寫道："我初進門時，還挺禮貌地尊稱老爺子'汪老'，等老爺子幾番詼諧調侃的談話下來，我便忘記了眼前是大名鼎鼎的汪曾祺先生，神經徹底放鬆，很快就不知天高地厚地跟著韓藹麗一口一個'老汪頭'叫開了。"……"時間已近中午，汪老留飯。我覺得事先也沒打個招呼，人家也沒個準備，不合適。韓藹麗顯得特別隨便，一點兒也不客氣，嚷嚷著問老頭有沒有創新菜餚？老汪頭的夫人施大姐氣質如蘭，待人卻很家常，看出我是新人頭一次登門，未免拘謹，便笑瞇瞇地安慰我說，不礙事，家裏有什麼吃什麼，小韓上我們家打牙祭也不是一回兩回，我們像自家人一樣。"

青島筆會後，汪曾祺與韓藹麗之間的聯繫就多了起來。那時，他們兩家相距不遠，只隔著半站地，汪曾祺散步、買菜，有時會順便到韓藹麗家去喝杯茶，坐一會兒。韓藹麗也喜歡去汪老家串串門、聊聊天，交流一下寫作上的事。有意思的是，韓藹麗第一次去汪曾祺家還鬧了一個笑話。汪公子有一篇文章寫到了這個趣事：一天，韓藹麗"看完老頭兒的東西就想過來交流一下，上樓一敲門，我媽媽開的門，看了人家一眼，就把人家推出去了，一個勁兒說，我們家不換雞蛋，我們家不換雞蛋。當時北京市民有好多家都有富餘糧票，農村有一些婦女拿著自家產的雞蛋挨家挨戶敲門，用雞蛋換糧票。”原來韓藹麗不修邊幅，穿著馬虎，汪夫人把她當成換糧票的了。“韓藹麗第二次敲門，說我不是換雞蛋的，我來找汪曾祺，這才進了門。以後這就成了一個笑話，每次她來都說：“換雞蛋的來了！”（見汪朗〈隨遇而安：汪曾祺在北京的幾個住處〉）

韓藹麗也跟別人說過這事兒。她的不修邊幅還鬧過一個笑話，是她本人告訴陳建功的。韓藹麗說，那天到北京文聯辦事，碰上了楊沫，走時又被老太太截住，非讓我去她辦公室一趟。“你猜她幹嗎？她非塞給我一包襪子，說小韓呀，天涼了，你得穿襪子呀。”——“天哪！”韓藹麗說自己當時都笑歪了，“我老老實實對老太太說，我從來不穿襪子的，冬天也不穿，您不會以為我買不起襪子吧？”（見陳建功〈落英繽紛憶故人〉）可見那天她第一次去汪老家，也是沒有穿襪子的。

袁敏也曾在〈末座〉一文中寫到她第一次見到韓藹麗的衣著模樣：“剪一個清湯寡水掛麵頭，穿一件水紅燈芯絨夾克，很鬆弛隨意的樣子”。殊不知，那時正值同齡人十分考究打扮之際，韓藹麗的“倩影”亦不過如此也。

老汪頭與小韓如此投緣，應當與他們相似的工作軌跡與相近的生活習性密切相關，他們是同仁同事，又是同好同道。而且，汪曾祺與韓藹麗還是半個同鄉（汪曾祺是江蘇高郵人，韓藹麗是江蘇丹陽人）。老汪頭在故宮博物院幹過，小韓在魯迅博物館待過；老汪頭在北京京劇院任編劇、寫過戲，小韓也在北方崑曲劇院做編劇、寫過劇本；老汪頭不講究衣著，小韓則更馬馬虎虎矣……。

有趣的是，汪曾祺與韓藹麗還至少有過四次"同框"：

第一次"同框"，應是在《東方紀事》1988 年第 2 期上。這一期發表了〈我對付漲價的"招數"——老中青作家答本刊問〉，有三十多位作家參與了答問，其中就有汪曾祺和韓藹麗。

汪曾祺云："我是經歷過國民黨時期物價一日數漲的日子的，對目前情況並不驚奇。聽著吧。"—— 老先生依舊是"隨遇而安"也。

韓藹麗的答語則別出心裁：

飛機打滾兒，
火車親嘴兒，
輪船沉底兒，
物價沒準兒。
——錄一九八八年北京新民謠

我想，讀者從中是不難體會出她的不滿與無奈的。《東方紀事》是當時頗有時譽的刊物，不久，《文匯讀書週報》易題為〈部分作家對漲價的筆答〉予以轉載。

1990 年，汪曾祺在他主編的《作家談吃第一集 ——〈知味集〉》後記中說："談豆腐的倒有好幾篇，豆腐是很好吃的東西，值得編一本專集"。在《知味集》中，就有韓藹麗的〈白油豆腐〉。看來，汪主編認為這篇寫豆腐的文章是值得選的。《知味集》中，汪先生自己選的是〈蘿蔔〉、〈五味〉。這是第二次"同框"。

1991 年，他們又"同框"了。這年的《收穫》第二期"人生採訪"專欄刊登了兩篇文章，一篇是汪先生的〈隨遇而安〉，在此文之後便是韓藹麗的〈酒話〉。《收穫》的"人生採訪"分為兩部分，一為"且說我自己"，一為"印象記"；顯然，韓的這篇文章是專為汪文而配發的。小韓的〈酒話〉生動地寫了老汪頭的"酒話和酣態"，配上〈隨遇而安〉真可謂相得益彰。

1992 年，他們第四次"同框"。這一年，江蘇教育出版社約請他們分別撰寫的《釋迦牟尼》（汪曾祺著）、《拿破崙》（韓藹麗著）出版。這兩本均列為《世界歷史名人畫傳》叢書，並於 2001 年於民族出版社以中英文雙語同時再版。

汪先生去世後，他贈送韓藹麗的書，一直珍藏在她的書房。她還專程去看望過汪夫人，儘管施大姐已認不出她來了。在 2003 年汪曾祺去世六週年之際，韓藹麗寫了一篇〈斯為陋室〉，這是繼〈酒話〉之後，她專門寫汪老的第二篇文章。

在〈斯為陋室〉中，韓藹麗寫了汪曾祺在北京先後呆過的幾處住所 —— 那真是標標準準的陋室啊，即使是已經算是比較大一點了的蒲黃榆（新華社宿舍），也不過是個“小三居”。韓藹麗滿懷敬意與一腔義憤地寫道：“從 1983 年到 1996 年，汪曾祺都住在這裏。在這間屁簾兒大的小屋裏，寫出了他一生大部分的作品。⋯⋯我從沒聽到過汪曾祺對這幢破樓對這間陋室有過一句怨言。這幾近貧民窟的地方，他住得怡然自得”。“1996 年 2 月，他們忽然搬家了，搬到虎坊橋福州館前街一幢嶄新的大樓去了⋯⋯一打聽，這房原來是他們兒子單位的，是分給汪朗的。老汪頭在這裏度過了一生最後的歲月，一共是一年零三個月吧。”彷彿像了卻了一個心願似的，在寫了〈斯是陋室〉不久，韓藹麗也去世了。〈斯是陋室〉在懷念汪曾祺的眾多文章中獨樹一幟，別開生面，為當代文壇留下了一片清暉、一陣馨香。我主編的《永遠的汪曾祺》（上海遠東出版社 2008 年版）和梁由之先生主編的《百年曾祺》（天津人民出版社 2020 年版）都選收了這篇佳作。

值得補說的是，韓藹麗不僅為汪先生的房子寫了〈斯為陋室〉，而且還為改善汪先生的住所而奔走過。汪朗說：“爸爸當了右派回北京之後，一直住媽媽單位的房子，比較狹小。他有些名氣之後，總有一些港台作家和外國作家要到家裏看看，這不免有些不方便。爸爸和媽媽的朋友作家韓藹麗到作協反映這一情況，呼籲幫忙解決一下爸爸的房子問題”（見汪朗〈“老頭兒”三雜〉）。此事可視為〈斯是陋室〉一文的題外話，韓藹麗文章中沒有提及，她本人也幾乎沒有與別人說過，如果不是汪朗透露，大概知道的人真的是少之又少了。我認為，這件事是不應該被我們淡忘、被歲月“湮沒”的！

佳餚佳句總難忘

——與舒婷

舒婷是當代朦朧詩代表作家之一，時與北島、顧城齊名，其詩〈致橡樹〉〈雙桅船〉等佳作風靡詩苑，散文集《心煙》《秋天的情結》等也譽滿文壇。汪曾祺與她見面時已是古稀之年，而舒婷則風華正茂也。

上世紀八十年代末九十年代初，汪曾祺與林斤瀾一起兼任魯迅文學院客座教授，時於該院工作的何鎮邦曾在 1989 年 12 月邀汪、林二老福建一遊。汪老此行甚歡，回京不久即寫了〈初訪福建〉，文末標寫作時間為："庚午年正月初四"。在這篇文章中，汪先生記敘他在廈門去了兩個地方：一個是著名古廟南普陀寺，一個是詩人寓所舒婷的家。涉舒婷文僅一百餘字："舒婷家在一山坡上，是一座石築的樓房。看起來很舒服，但並不寬敞。

她上有公婆，下有幼子，她需要料理家務，有客人來，還要下廚做飯。她住的地方，鼓浪嶼，名聲在外，一定時常有些省內外作家不速而來，像我們幾個，來吃她一頓菜包春卷。她的書房不大，滿壁圖書，她和愛人寫字的桌子都只是兩張並排放著的小三屜桌，於是經常發生彼此的稿紙越界的糾紛。我看這兩張小三屜桌，不禁想起弗吉尼亞·沃爾芙的《一間自己的屋子》。舒婷在這樣的條件下還能寫得出朦朧詩嗎？聽說她的詩要變，會變成什麼樣子？”字裏行間，對舒婷的關切之情溢於言表。

那天去舒婷家的，還有林斤瀾。汪、林二老乃文壇酒仙，舒婷亦能小酌幾杯。二老難得到福建，也都是第一次至舒婷家，舒婷焉能無酒以待？然汪老文中僅提到“菜包春卷”，隻字未寫到“酒”，豈不怪哉？！其實，那天舒婷是有酒奉客的，只不過酒實在有點怪，可能是汪老故意避而不談罷了。在一次江南的文學活動中，舒婷與林斤瀾、張抗抗、徐卓人一起用餐，席間閒聊到鼓浪嶼的酒。林斤瀾說那裏的茅台酒有股耗子尿的味道。徐卓人不解，林老哈哈大笑，遂抖出了那天在舒婷家喝酒的事兒。他說：“一次在鼓浪嶼開會，舒婷邀我和曾祺兩個上她家喝酒，酒的品種不少，牌子也不錯，但沒一個瓶是原封的。接待客人，開了瓶，客人走了，剩下的酒重新蓋起來，存在那兒，她（舒婷）不喝，她家裏也沒一個喝酒的，這酒一存也不知存了多久，哪裏還是原來的味兒？”徐卓人追問：“那你哥倆還喝？”林先生眼一愣：“喝，不喝又怎麼辦？”此事見徐卓人〈酒逢知己〉，非余杜撰妄言也！從中亦可見汪、林二老隨和寬厚，舒婷待客疏忽之一斑矣。

汪老文中雖未言酒，但未忘卻寫上在舒婷家品嚐的一道美食“菜包春卷”。不過，此“菜包春卷”乃汪老所命名，當地人謂之“薄餅”，正宗菜名則曰“廈門薄餅”，係廈門的地方名點；用豬五花肉、蝦仁、冬筍、豌豆苗、胡蘿蔔、豆乾等多種食材為餡，以春卷皮包之。另據何振邦言，“這次宴請名義上是舒婷請，其實一桌子富於鼓浪嶼風味的美味佳餚均為舒婷婆婆所烹製。”（何鎮邦〈汪曾祺林斤瀾的福建之行〉）但不管是舒婷執勺，還是她婆婆掌廚，汪老對那一桌子菜顯然是留下了美好印象的。從福建回北京不久，他還著手主編《知味集》，親撰信函分發四十多位作家撰寫美食散文入編，舒婷應邀提供了〈麵包祭〉一文。此書乃汪曾祺先生主編的唯一一本散文集，1990 年於中外文化出版公司出版，“人間送小溫”，此亦汪先生之遺澤也！

順便提一下，汪、林二老在舒婷家小聚，女詩人也留下了美好印象。一次，一位喜好詩歌的將軍訪問舒婷時，她不無得意地告訴將軍，汪曾祺老先生誇獎她廚藝不錯。將軍說，汪老是個美食家，文章也寫得好，每次讀汪老的書總是不捨得放下。

佳餚說罷說佳句吧。其實，在汪老心目中印象深刻的是舒婷的佳句。1987 年 8 月底，汪先生應安格爾、聶華苓邀請至美國愛荷華參加“國際寫作計劃”，途經香港之際，與女作家舒非閒聊，在談及“語言文字鮮活考究”時，他老先生脫口而出便引用了舒婷散文中的佳句。舒非在〈汪曾祺側寫〉中寫道：“汪老說舒婷的散文也不錯，比如她寫夏夜，說‘踩熄了一路蟲聲’，某某則不，說：‘蟲叫被腳步聲嚇跑了。’”

汪曾祺與舒婷一老一中均為當代文壇“大咖”，其時在一起開會、活動的機會自然不少，然筆者所知他們兩位的交誼僅此“一面之緣”，惜哉！

舒婷也去過汪老的“家”。2009 年 4 月，舒婷來到了汪曾祺先生的故鄉高郵。著名詩人子川（也是高郵人）和當地的相關領導張秋紅、姜文定一起陪同她參觀遊覽了一些名勝古蹟。在汪曾祺文學館內，她緩緩地看著一幅幅汪曾祺的照片，若有所思，默默不語⋯⋯此時，距汪曾祺在舒婷家已二十年矣！

從〈秋天的鐘〉到〈蒼茫時刻〉
——與萌娘

汪曾祺認識萌娘緣於她寫的散文〈秋天的鐘〉。那年，汪先生已過了七十歲，萌娘年齡正好是汪先生的一半：三十五歲。〈秋天的鐘〉發表於一九九一年七、八月合刊《人民文學》，汪曾祺看到後，特別讚賞，並且熱情地向別人推薦，他說："我覺得這是一大堆亂七八糟的人工塑料花當中的一枝帶著露珠的鮮花，一枝百合花，一枝鮮花。"甚至於帶有某種偏愛與片面地聲稱："這期《人民文學》只有一篇可看"，"好像是悶熱的天氣裏吹來一陣小涼風"。

當然，說〈秋天的鐘〉好的，汪曾祺不是第一個，但無疑是最重要、最有影響力的一位。〈秋天的鐘〉是萌娘在魯迅文學院讀研究生時交的作業，第二年發表於《人民文學》，這說明至少

《人民文學》的散文編輯是賞識此文的，與萌娘同班的班長宮魁斌當時就讚揚這篇散文真好，是當今中國文壇上的一流散文。

看到〈秋天的鐘〉，汪老很高興，非常驚喜。他高興什麼呢？在給萌娘的信中，他說：

> 後來，我在天津和哈爾濱的刊物上又看到你的兩篇散文，都好，真誠而清秀。我為中國有一個這樣的女作家而高興。
>
> 我沒想到你聽過我的課。早知道你來聽課，我應該講得更好一些。我有這樣一個女學生，很高興。

在發現〈秋天的鐘〉後，汪先生便更關注萌娘了，不僅“跟蹤”閱看了萌娘的新作，以至要繼續看萌娘還尚未出版的散文集子，先生高興的程度何其“高”也！

1992 年，湖南文藝出版社計劃出版《名家推薦佳作散文選》，汪曾祺先生即以“名家”身份推薦了〈秋天的鐘〉這篇“佳作”，並應出版社的要求，寫了“500−1000 字的賞析文字”。這篇賞析文字寫於 1993 年 3 月 2 日，即〈推薦《秋天的鐘》〉，後來刊發於 1993 年第 3 期《文學自由談》上。可惜的是，湖南文藝出版社所計劃出版的這一本書至今沒有看到，似乎沒有出。

汪先生的高興是按捺不住的高興，他不僅自個兒高興，還把他的這份高興與他人分享。於是也感動和感染了他的一些朋友。在 1992 年夏天的一次文學活動中，他向張守仁談起〈秋天的鐘〉，張守仁覺得他的“言談間充滿對萌娘才華的讚賞”，張先生之所以後來寫〈萌娘的筆是一支魔棒〉，其源可溯自汪老。十年之後，張守仁與萌娘還聯手主編了《中華散文精粹 · 當代卷》（作家出版社 2006 年版）。張守仁先生也說，萌娘的“散文裏有許多詩的因素，她對客觀世界具有敏銳，細膩，準確的感受能力”。張煒在聽了汪老推薦〈秋天的鐘〉後，特地找來了這篇散文看了，他認真坦率地說：汪老是非常有道理的。而顧驤先生主編的《散文家喜愛的散文》中選了〈秋天的鐘〉，與汪老亦不無關聯也。

筆者是讀了汪先生的〈推薦《秋天的鐘》〉後才去找《人民文學》上這篇散文來看的。不知為什麼，看了〈秋天的鐘〉，我聯想起汪先生的〈幽冥鐘〉，我總覺得，這兩篇文章中的鐘聲是那麼悠長、那麼親近，也好像沒有歲月和地域的阻隔，有時還斷斷續續地在耳邊縈迴盪漾。我覺得這兩篇作品，雖說一為散文、一曰小說；其實，它們在審美情趣、寫作手法、語言風格上大同小異。

在這裏還應特別說一下，〈秋天的鐘〉給汪曾祺帶來的不僅僅是喜悅和震動，還引起了汪先生的自省與反思。1990 年 12 月，汪先生在〈蒲橋集再版後記〉中，鄭重地寫道：“我在這本書的自序裏強調了散文接受民族傳統，這是不錯的。但我對新潮或現代派說了一些不免輕薄的話……最近我看了兩位青年作家的散文，很湊巧，兩位都是女的。她們的散文，一個是用意識流的方法寫的，一個受了日本新感覺派的影響，都是新潮，而且都寫得不錯。這真是活報應。”汪老這段話中所說的兩位女作家，一位即是萌娘，另一位是黑孩。稍後十多天，他在接受衛建民採訪時又一次提及此事：

衛：您推薦的〈秋天的鐘〉，我讀了，確實寫得好。

汪：那是用意識流的方法寫的。能發表這樣的作品，說明我們的文學還有希望……

我常感到一些青年作家有我不及的地方，所以提出老年人要向青年人學習，不要這也看不慣，那也看不慣。

筆者作為汪老的同鄉，在這裏有必要解釋一下“活報應”，“活報應”是高郵及江淮一帶罵人的話，很難聽的。報應本佛家語，這不難懂，而加了一個活字，則是說報應之靈、報應之快、報應之狠也。由〈秋天的鐘〉而引發，汪先生的自我批評竟是如此激烈、如此痛切，這是很罕見的，若借孔乙己的話說，那真是“多乎哉？不多也！”

汪曾祺真是目光如炬，慧眼識珠。在〈推薦《秋天的鐘》〉

一文中，汪先生盛讚“萌娘是詩人”，萌娘確實是一位詩人。早在汪老認識她之前，萌娘寫了不少詩，上世紀八十年代初就已在詩壇嶄露頭角，後來又於2018年出版了詩集《草木寓言》。《草木寓言》是萌娘二十多年詩作的精選本，收詩七十餘首，著名詩人劉立雲說：“詩集中有十幾首詩，我在《詩刊》發稿的時候曾反覆讀過，可是現在它們又一次深深地吸引了我，打動了我。讓我一捧起來就放不下，一氣讀完。”他特別讚賞萌娘對詩的想像力：

> 詩想像力豐富、自然，甚至沒存留下任何痕跡，完全具備當下一些前沿詩人的敏銳、嫻熟和出其不意，這讓我大為震驚。比如“拾起電話／聽筒裏伸出盛開的丁香／閉上眼睛／一滴淚比江水更遼闊”，那種聯想和跳躍，是何等新穎，何等活鮮和空靈。

因此，劉先生認真地宣稱——這本詩集不僅值得出版，而且值得珍惜、珍藏！在同年8月舉辦的《草木寓言》研討會上，陳喜儒等評論家也給予了很高的評價，其中李碩儒先生的兩句話別具特色：一句話是，“萌娘的詩，日常中生詩意，平實中見哲理。”另一句話是，“萌娘的詩，有毒，害我失眠！”

1992年10月上旬，汪曾祺應邀赴浙江杭州參加“吳越風情小說研討會”。回來後即寫了兩封信，一封給香港的古劍（10 月 12 日），一封給萌娘（10 月 13 日）。給萌娘的這封信末尾，汪先生說：“我剛從杭州回來，匆匆忙忙，西湖只是瞥了一眼，在紹興看了百草園、沈園。寫了一首〈沈園〉的舊體詩：拂袖依依新植柳，當年誰識紅酥手，臨流照見釵頭鳳，此恨綿綿真不朽。如何？”

印象上，汪老向女作家詢問自撰詩“如何”，這也許是第一次，大概也是唯一的一次。汪老雖說曾為宗璞、張抗抗寫過詩，但從沒有與她們探討過自己的詩。孔夫子曰：賜也，始可與言《詩》已矣。汪先生云“如何”，抑或可與言詩之謂乎？

其實，萌娘不僅新詩寫得好，詞也填得別有韻致。曾看到她在 2021 年 7 月與朋友小聚茶敘時信手寫的一闋〈鷓鴣天・午茶〉：

白家大院花木深，紅漆窗格紫檀沉。半盞清茶消暑氣，一陣小雨正可人。

素手環，姐妹心。試舞一曲撫舊琴。衣袂飄過前朝卉，花開花落了無痕。

汪先生之〈昆明的雨〉云：

蓮花池外少行人。野店苔痕一寸深。

濁酒一杯天過午，木香花濕雨沉沉。

萌娘之詞，不亦有汪先生詩之韻味麼？

汪老譽萌娘是詩人，她的語言是詩的語言。他還說，萌娘是涉筆成詩，不像有些寫散文詩的詩人或散文家在那裏“做”。像這樣的評價，出於汪先生之口，是少之又少的。因為，汪先生一生都在追求文學的詩的境界、詩的語言。汪先生的知交黃裳曾說過：曾祺的創作，不論採用何種形式，其終極精神所寄是“詩”。

無論文體如何變換，結構的組織、語言的運用，光彩閃爍，炫人目睛，為論家視為“士大夫”氣的，都是“詩”，是“詩”造成的效果。

而他老人家對自己的“最高評價”亦不過是：我是一個中國式的人道主義抒情詩人。一個通俗的抒情詩人。

汪先生送萌娘的兩幅畫也很有意思。汪先生送人的畫不少，而且大多是即興而作，信手拈來，比較隨意。當然，他送人的畫中，也不乏鄭重其事，認真揮毫的。送萌娘的兩幅畫那是汪先生“成竹在胸”的，可謂是汪老的得意之作。一幅《水仙圖》，是萌娘第一次去汪老家時他送的。汪老早就準備好了，他還對萌娘說：“我想來想去這幅畫送你最合適，這是一次喝酒之後畫的，你看，那葉子有幾分醉意是不是？我一直沒捨得送人。”文人之畫水仙，多寓義純潔，高雅，清逸，汪老筆下之水仙，亦蘊此義也。就筆者目力所及，得到汪老饋贈水仙畫的女作家還有另外三位：宗璞、張潔和施叔青。汪老的另一幅畫是《紫藤蘿》。1996年夏天，萌娘剛從廣東採訪回北京，她就到汪老的新居去看望二老。接到萌娘電話後，汪老就忙活起來了，萌娘到汪府時，那幅畫還在寫字台上哩。汪老在畫上跋云：藤扭枝枝曲，花沉瓣瓣垂。為賀平作。丙子夏日，汪曾祺。萌娘一看就明白了：這是借畫在寄託對她創作豐碩的希望哩。因為正如萌娘所言“我與先生談話從來不用多說就互相明白”，“我想我理解先生”。況且，萌娘亦善繪事。她品汪老這幅畫“情致，韻味恰到好處”，亦行家語也。

筆者曾見萌娘發表於2020年第5期《中國作家》上畫的敦煌壁畫《觀音》，一下子就聯想到汪老文章中寫四川大足石刻“媚態觀音”的評價：“清秀瀟灑，很美，一種人間的美，人的美”。彷彿萌娘的畫就是對汪老這段話的“圖解”或“配畫”。

由於汪老對萌娘“跟進”式的關愛提攜和萌娘“漸近”式的與汪老的通信通話，許多人都以為萌娘和汪老的交往很深。對此，萌娘坦言，她平日裏忙起來很少去看望先生，而每次去看望他，他總是“問我的生活好不好，然後就海闊天空、東南西北了，書畫文章、風土人情，全是好玩的事。作為編輯，我並沒有編過先生的稿子；作為學生，我並沒有被學校派到他的門下做研究生；先生以美食家著稱，作為朋友，我沒有吃過他燒的菜。”而無論是作為編輯、學生和朋友這三種身份，是完全可以與汪老大套近乎的，更是可以藉此炫耀一番的。但，萌娘沒有。應當說，萌娘與汪老的交往，真可謂是君子之交也！汪老是君子，萌娘也是君子。心有靈犀一點通。他們在氣質上相近、人格上相同、審美上相通，所以在交往上必然是相融、相憐和相惜，他們的君子之交奠定於一種真正的理解、深度的理解之上。正如萌娘所說的：

我與先生談話從來不用多說就互相明白。

我覺得先生是特別理解我的一個人。

我想我理解先生。

萌娘所說並非虛言。比如，萌娘認為汪老不願意提《沙家浜》，因為“這齣戲沒有施展他的藝術追求”，不是汪老的知音，能有如此的洞見卓識麼？再如，萌娘對汪老作品也有獨具個性的體會與理解：人都說汪先生文章以語言和知識面見長，我倒覺得先生文章的錦繡之處更在文字流溢之間，如溪水在流淌，溪水所到之處，文字便生動起來，那溪水是什麼？是智慧？還是情感？

我說不清它是什麼，可它什麼都是，它們不是知識，它們又是所有的知識。

汪先生對萌娘可真是青眼有加。他老人家對自己的手稿一般都不刻意保存，卻一直完好地保存著萌娘的稿子。

2017 年 3 月 18 日，萌娘在朋友圈微信中發送了一個帖子——"今晨，收到汪曾祺先生女兒汪朝姐的微信圖片，竟然是 90 年代我送汪先生過目的文章〈西院四季〉手稿，真想不到，汪先生還留存著我的稿子，止不住的眼淚奪眶而出，往事如昨歷歷在目。"

1997 年 5 月 16 日，汪曾祺先生病逝於北京。一個月前，萌娘還打電話向他約稿。5 月 3 日那天，萌娘再次電話聯繫，不巧的是汪先生出門去了。汪老去世不久，萌娘寫了一篇散文〈蒼茫時刻〉。她動情地說："從知道汪曾祺先生去世的那天，每天晚上我都在這裏站上一會。一個經常撥響的電話號碼從此不能再撥了，就覺得北京的天空少了一塊"。文章回憶了她認識汪先生前後的一些往事，萌娘"不覺得他已經離去，彷彿先生正在休息。"這篇散文質樸而親切，似乎也是在有意無意地踐行她的散文觀，"散文就是說話，就是平靜又從容地對世界上一位最親近的人說話。"〈蒼茫時刻〉，就是萌娘在對汪先生說話；〈秋天的鐘〉，就是萌娘在和她的曾祖父說話。

汪先生去世二十週年之際，萌娘在微信朋友圈發送了〈蒼茫時刻〉，又特地請汪朝購置花圈送至汪老墓前以寄託哀思，寄託她對汪先生的永恆懷念。

2024 年 10 月 28 日，萌娘與劉春聲伉儷專程從蘇州驅車奔赴高郵，行程二百餘公里，歷時三個多小時；他們在汪先生的故鄉觀瞻了汪曾祺紀念館，向汪先生奉獻了一瓣心香，了卻縈迴多年的心願。萌娘與先生在高郵古城盤桓了一天半，並應邀在“汪迷部落”留言簿上題詩一首：

人一走，茶就涼，
口口相傳萬家巷。
先生一去廿七載，
鄉土總熱茶總香。

高山流水　明月清風

——與鐵凝

汪曾祺生前的最後一篇文章是寫給鐵凝的，題目是〈鐵凝印象〉。這篇文章，是為《時代文學》的專欄“名家側影”而寫的。在為鐵凝編這期專欄時，當時專欄的主持人何鎮邦“想到了始終關心著鐵凝並受到鐵凝敬重的汪曾祺先生”，便於 2 月間向汪曾祺電話約稿，汪先生爽快地答應了。到了 4 月底，汪曾祺的稿子還沒有到，聽說他接著還要參加一些活動，何鎮邦有點急了，即於 5 月 7 日打電話催稿。老何在〈一顆美麗誠樸的心〉中有一段話，簡述了當時的過程：

問他關於鐵凝的文章能不能寫，因為發稿在即，不能不催。老頭在電話中很乾脆地答應：“能寫，馬上投入！”5 月

8日上午九時許，即接到汪老的電話，他在電話裏說凌晨四時半即起牀，一氣呵成，有兩千多字，要我馬上去取稿。從聲音裏已聽出他的疲勞感，即勸他趕緊休息……晚飯後趕過去，一進門，老頭即把還有墨香的文稿交給我。我萬萬沒有想到，這篇文章成了汪老的絕筆，而5月8日晚上同汪老的相見，亦成永訣！

汪老的〈鐵凝印象〉寫得很精緻，少有的精緻，大概是他對鐵凝的印象太好了，他這一枚沒有結熟的“生疙瘩”（張家口一帶稱不熟的瓜果），感染了多少“汪迷”，陶醉了多少讀者！他說“上帝在人的樣本裏挑了一個最好的，造就了鐵凝。又聰明，又好看”。他形容鐵凝的體態：挺拔。他評價鐵凝的作品：清新。他給鐵凝的高度概括：不凡。他寫鐵凝的氣質多了幾個字：天生的純淨和高雅。汪先生寫得有點俏皮：“她有時表現出有點像英格麗·褒曼的氣質……有一張放大的照片，梳著蓬鬆的鬈髮（鐵凝很少梳這樣的髮型），很像費·雯麗。當我告訴鐵凝，鐵凝笑了，說：‘又說我像費·雯麗，你把我越說越美了。’她沒有表示反對。但是鐵凝不是英格麗·褒曼，也不是費·雯麗，鐵凝就是鐵凝，世間只有一個鐵凝。”潘耀明先生對〈鐵凝印象〉評價甚佳，他讚道：“汪曾祺以‘挺拔’形繪鐵凝，寫出鐵凝最傳神的一面。”

汪老說“一氣呵成”，其實是下了功夫、鉚足了勁的。他早就關注鐵凝了。1989 年 2 月 22 日，他出席了鐵凝的《玫瑰門》研討會並首先發言。1992 年初夏，汪曾祺夫婦在石家莊參加活動，鐵凝一直陪同左右，彼此有了進一步的了解和理解。1993 年 3 月 1 日，汪老又專門為鐵凝的《孕婦和牛》寫了推薦信。1992 年 11 月 16 日，馬原在杭州西湖國賓館採訪了汪老，在問及他中青年作家中比較喜歡誰的作品，曾祺先生脫口就說了鐵凝，提到了她的作品《玫瑰門》、《哦，香雪》和《尷尬風流》。汪曾祺說“她的小說很有特點，她的小說你說不出她到底要表現什麼”。（見馬原《中國作家夢》，長江文藝出版社 1996 年版）在接到何鎮邦的約稿後，汪老便隨即進入了“臨戰”狀態。《北京晚報》記者趙李紅和同事去汪老家拜年，小趙“見汪老和鐵凝的合影，還擺著不少鐵凝的書。汪老說正準備寫寫鐵凝。”

作家野莽在為汪老編《當代才子叢書．汪曾祺卷》時與曾祺先生接觸較多，他回憶說：

> 汪老也曾對我提起過二位才女的話，說王小鷹出自世家，鐵凝那是一個精靈。我記得在他喜歡的青年女作家中，除了鐵凝還有他的學生曾明了，還有一個名字叫黑孩的……

但是汪老最喜歡的還是鐵凝，鐵姑娘雪白整齊的牙齒和明媚的笑臉，鑲嵌在他一本相冊的頭版頭條，後來在他的才子書中，他也給了我這幅照片。（野莽《此情可待》，地震出版社 2014 年版）

一個月後，這篇〈鐵凝印象〉在《北京晚報》（1997 年 6 月 16 日）與讀者見面了，同版還刊發了鐵凝懷念汪曾祺的文章〈汪老教我正確寫字〉，這是鐵凝懷念汪老的第一篇文章，彷彿是她寫"汪曾祺印象"組曲的一首序曲。在此後的二十多年裏，鐵凝陸續寫了好幾篇文章，深情地回顧汪老對她的教誨和她對汪老的感佩、敬仰與高度評價。

鐵凝對汪曾祺不是一般的喜歡，也不是一般的敬重。鐵凝早就喜歡汪老的作品了，作家蔣韻與鐵凝第一次見面，就聽她聊起了汪曾祺。20 世紀 80 年代初期，《北京文學》的編輯劉恒去山西組稿，住在太原火車站附近的一家旅館裏，蔣韻與鐵凝相遇了。鐵凝"非常年輕，有兩隻令人印象深刻的明亮的黑眼睛……那是個下午吧，北京來的劉恒，保定來的鐵凝，還有我這本土作者，聊得很愉快……那時汪曾祺先生已經在《北京文學》發表了〈受戒〉，多麼清新、別開生面、異質的小說，鐵凝最先提起了它，說她非常喜歡。我們就從汪老的小說開始了我們的話題。"

（蔣韻〈《北京文學》是我的福地〉）馬原的《中國作家夢》中也說到了鐵凝與汪曾祺，當馬原要鐵凝給讀者推薦一本書時，鐵凝說："我特別地喜愛汪曾祺的《茱萸集》。""我讀這本書，非常地安靜。"她回憶說，這本書大約是在 1992 年 5 月汪老送給她的台灣版，她不時地會翻翻看看。台灣版的書，當時大陸幾乎沒有，汪老手頭的樣書很少。把台灣版的書送人，在女作家中，大概只有鐵凝一個。細心的馬原，還看到了她夾在這本書裏的書籤。

鐵凝還向王好為推薦汪曾祺改編孫犁的〈荷花淀〉為電影劇本。在談及此事時，汪曾祺不無得意地對一位採訪者說："王好為為把《荷花淀》搬上銀幕，先後找了五個人，據說改得不理想。鐵凝說我是最佳人選。"（李群〈那水那花那人〉）鐵凝曾與王好為合作過電影《哦，香雪》，彼此熟識，鐵凝說汪老是"最佳人選"，那真是說準了！

2007 年 5 月，北京市作協等單位舉辦了汪曾祺逝世十週年紀念活動，鐵凝應邀參加，那時，她已從石家莊調往北京任中國作協主席了。看到展覽大廳裏擺放的她年輕時與汪老合影的照片，她感慨地說，汪曾祺是她創作的榜樣，她的創作軌跡深受其影響。"從二十世紀八十年代後期到汪老去世前，自己曾有機會多次與汪老交談，他幽默機智的談吐，樂觀爽朗的人生態度，貫通古今的學養，獎掖後人的熱情，時時感染著我……”鐵凝還直率地說：“今天是我來北京工作後，第一次參加北京市作協的活動。……今天的活動卻是我特別想參加的。”《北京晚報》記者趙李紅對這句話印象頗深，寫在了她的文章〈採訪人物：汪曾祺〉（《未公開的採訪手記》，團結出版社 2010 年版）。

北京紀念汪老逝世十週年的活動，高郵的陳其昌也在場。他在高郵文聯工作多年，曾任文聯副主席，與汪老頗有交誼，他寫的〈因鐵凝，汪老應回眸一笑〉中的鐵凝，重情重義，令人感動和欽佩！在開會之前，陳其昌向鐵凝等同志送上了《你好，汪曾祺》、《風流秦郵》和市文聯的刊物《珠湖》（其中刊有鐵凝的〈溫暖孤獨旅程〉）。陳其昌注意到，鐵凝離開講話稿即隨手就著《珠湖》的這篇文章，回顧起她與汪老交往和汪老對她的教誨。老陳深切地感受到，“鐵凝的講話和會場上互動少了一些悲切，多了一份眷戀，也多了一份親和。”老陳接著寫道，“待鐵凝講話後，我瞅住她翻閱高郵送去書刊的機會，輕輕地轉到她身後，告訴她《珠湖》上登載的她與汪老合影的照片已成為我們常用的經典照片，請她諒解。她說，沒事。我便請這位從不肯為媒體和地方題詞的她題詞（為高郵當時籌建的汪曾祺文學館題詞）她說，為你個人題詞嗎？我說，不。為我們高郵。她問，題什麼呢？我說，隨你！請你題寫最想說的話。我回到座位上靜候，一刻兒，她示意我過去。她的題詞‘永遠懷念汪曾祺老 / 鐵凝 / 二〇〇七年五月十八日’。”“會議進行中，鐵凝悄然跑到汪老的女兒汪明、汪朝座位旁，說悄悄話，準備選一個時間到北京福田公墓去祭奠汪老。她還高興地接受了姜文定（時為高郵文聯主席）代表高郵人約她去高郵的邀請，當即表明：“會有機會去的，一有機會就去。”

鐵凝一諾千金！祭奠汪老，她去過了，2009 年 5 月 17 日，她帶著鮮花，帶著她對汪老的敬仰和緬懷去的。高郵她也去了！也是帶著鮮花，帶著她對汪老的敬仰和緬懷去的。

2010 年正月十五，是汪曾祺誕辰 90 週年。江蘇省作家協會和高郵市人民政府舉辦了一系列紀念活動，范小青代表主辦方約請鐵凝前來高郵參加活動，鐵凝也答應了。後來鐵凝因故未能前往，但她趕在活動前送來她緬懷汪曾祺的又一篇文章——〈相信生活，相信愛〉。

在先後出版的有紀念汪老文章的專集中，都選了鐵凝的文章。2007 年山東畫報社的《你好，汪曾祺》（段春娟、張秋紅編）刊發了〈汪老教我正確寫字〉。2007 年上海遠東出版社的《永遠的汪曾祺》（金實秋主編）刊發了〈人間送小溫——懷念汪曾祺先生〉。2020 年天津人民出版社出版的《百年曾祺》（梁由之編）與 2022 年中國書籍出版社出版的《久別長相憶》（蘇北編）都刊發了〈相信生活，相信愛〉。鐵凝的這幾篇文章，是對汪曾祺的一番深情凝視，是一首“汪曾祺印象”組曲，在上千成萬的紀念汪曾祺文章中獨領風騷，別具價值。

大概是因為我是汪老同鄉的緣故吧，我對鐵凝在高郵參觀汪曾祺文學館和瞻仰汪曾祺故居之行殊為讚歎！2010 年 5 月 17 日下午，鐵凝在揚州出席了首屆“朱自清散文獎”頒獎典禮後，專程去了高郵、去了她久已嚮往的汪老的家鄉。時任高郵市委宣傳部部長的張秋紅接待了鐵凝一行，她在〈一汪情深門庭暖〉一文中樸實地簡述了接待過程，我且摘抄一些“實錄”如下：

> 鐵凝主席到揚州參加朱自清文學獎活動，一結束就趕到高郵。因突然到訪，我們接待時還真有點手忙腳亂，特別是北頭街上，出攤經營的多，車子過傳公橋就無法前行了，只好下車徒步前往汪老故居。我們一個勁地解釋，可鐵凝主席始終笑盈盈地安慰我們：“沒關係，生活本來就是這樣。這種環境是人的生活氣息濃的表現呀。”聽鐵凝主席這麼一說，很溫暖，忐忑的心放下了許多。走到竺家巷巷頭，燒餅攤上正好一鍋燒餅出爐，鐵凝主席興致勃勃地走上前，詢問價格，買了個當場咬了一口吃起來，她說：“香噴噴的，好吃，汪老的作品裏有。”邊吃邊往前走，好平易近人喲。走

到故居門口，鐵凝主席看到了汪老的弟弟汪海珊，眼眶突然濕潤起來："像，真像，看到你，彷彿見到了汪老！"鐵凝主席一個勁地說，那場面著實讓人感動。走進故居家門，鐵凝主席坐在金先生（汪老的妹婿）的客廳裏，近觀汪老的書畫作品，與汪老的弟弟、妹婿嘮家常，談與汪老的交流交往的人與事，彷彿忘記了時間，到了天黑才依依不捨地離開。

《揚州晚報》的記者王鑫是隨鐵凝一起來高郵的，他在〈憶汪老，鐵凝潸然淚下〉中記敘了一個動人的細節："從揚州開往高郵的路途並不算長，鐵凝一直看著窗外，看著運河水，奔流不息。到了高郵城北，在汪曾祺故居四周看了看，當她的腳步剛剛邁離汪家的門檻時，她忽然潸然淚下，淚如泉湧。"當時高郵的報紙也發表了郭玉梅的一篇報導，報導中也寫到了鐵凝的淚水："鐵凝一行首先來到汪曾祺文學館向汪老敬獻花籃。走進文學館內，汪老的雕像映入眼簾，她情不自禁地說："像，真像！"在汪曾祺故居，鐵凝流下了思念的淚水。臨行前，她動情地說，來到汪老的家鄉，怎麼看也看不夠。看了高郵，再回想汪老的作品，才明白一方水土養育一方人。看到大運河、高郵湖，才明白汪老的語言為何那樣滋潤！"

鐵凝離開高郵後十年，2020 年 5 月，汪曾祺紀念館建成並對外開放。紀念館的“前言”和“結束語”，分別擷自鐵凝懷念汪老的文章。

“前言”如下：

> 他像一股清風颳過當時的中國文壇，在浩如煙海的短篇小說裏，他那些初讀似水、再讀似酒的名篇，無可爭辯地佔據著獨特雋永、光彩常在的位置……他就是他自己，一個從容“東張西望”著，走自己路的可愛的老頭。這個老頭，安然迎送著每一段或寂寞或熱鬧的時光，用自己誠實而溫馨的文字，用那些平凡而充滿靈性的故事，撫慰著常常焦躁不安的世界。

其“結束語”云：

> 汪老離開我們了，但他的文學和人格，他用小說、散文、戲劇、書畫為人間創造的溫暖、愛意、良知和誠心，卻始終伴隨著我們。

情同骨肉　親如一家

——與"藏妞"央珍

汪曾祺與央珍認識較晚，他們第一次見面是在 1992 年春。那時，汪先生已是譽滿天下的文壇名人了，而央珍則是一位初露頭角的年輕作者。汪老七十多歲時，央珍才三十歲，剛與龍冬結婚不久、從拉薩調到北京工作。蘇北是汪先生的忘年交、也是龍冬夫婦的好朋友，汪老曾給龍冬、蘇北的小說集寫過序。龍冬是在他於西藏工作時與央珍認識並戀愛結婚的。蘇北在當天的日記中，略述了那天央珍與汪老見面的情景，其時，央珍已多次去過汪老家了。

1993 年 11 月 3 日　北京

今天同龍冬、央珍夫婦到汪先生家……汪先生見到央珍就很高興，總是說“這是一個不錯的女孩”。汪先生說龍冬“找個藏族老婆”。一副挺羨慕的樣子，又好像後悔自己年輕的時候怎麼沒找個少數民族的老婆。

央珍當然更清晰地記得她與汪先生第一次見面的情景：

第一次見到汪先生是在 1992 年春天……我們摁響了先生在蒲黃榆家的門鈴，不一會兒從裏面傳來應聲和拖拖踋踋的腳步聲。門開了，鐵柵欄門的後面是一位極其普通的老人，他沒有馬上請進，而是顯得嚴肅地先把我上下打量了一番，然後推開鐵門，“來啦，藏妞兒。”那聲音是清脆的，還帶著點京戲的味兒。在我們的笑聲中，有一個更響亮的笑聲從先生的身後傳來，那是開朗熱情的汪師母。我的矜持和緊張一下子煙消雲散。

央珍，1963 年出生於西藏拉薩，1985 年畢業於北京大學中文系，後供職於《西藏文學》。她創作的《無性別的神》，是藏族文學史上第一部由女性完成的長篇小說，被譽為“當代西藏文學的里程碑”、“西藏的《紅樓夢》”，還被改編成二十集電視連續劇《拉薩往事》，文壇上的人都誇她是集美麗、善良、溫和與才華於一身的藏族女子，是西藏最好的、真正有貴族氣質的女作家。

央珍自調到北京之後，夫婦倆就成了汪先生家的常客。龍冬回憶說：

> 我記得當時最多的時候，我跟央珍一週要去兩次，那就是說像上癮的一件事情一樣……一般來講，我們是一週去一次，我們看父母也是一週去一次，長一點的話，兩週。我們基本都是下午去，更多是晚飯後去……離開他房間的時候……我和家人走出樓門，走出院門，走到街上，我們會說"如沐春風"，來汪先生這裏如同洗了一個澡，心情是那麼輕鬆愉快，特別是我的家人，她的萎靡霎那間煙消雲散。(〈汪曾祺是真實的〉)

央珍則說，每次從先生家裏告辭，走在燈火闌珊的大街上，我們的心情好極，彷彿剛從一處聖潔的地方朝拜回來，精神和心靈得到了淨化，心胸因此感覺到博大和充實。她說過的一句話，很值得搞文學的人借鑒和深思："很多人往往以作品認識一位作家，而我相反，我從識一位作家和這位作家的人品人格認識了他的著作……"

蘇北還提到了汪曾祺要為央珍小說寫序的事。他在〈汪曾祺與序言〉中說：有一個時期，他（汪曾祺）似乎為年輕人寫序寫上了"癮"……他曾跟龍冬的夫人央珍聊天，央珍告訴他手頭剛完成了一個長篇，汪先生沉靜了一會兒，說：“別人講，我的序寫得不錯！”坐在邊上的汪朝笑話他：“爸，你是不是要給人家央珍寫序呀！”汪先生笑了起來。

台灣著名作家陳若曦女士訪問西藏時，央珍曾全程陪同，朝夕相伴；所以陳若曦對央珍十分了解，非常讚歎，譽稱央珍為才女，並預言從央珍的文學才華和成就來看，將來在文學事業上的前途不可限量。

央珍與汪曾祺的忘年交一直持續到汪老生命的盡頭。1997 年初春、農曆臘月廿六的晚上，中國青年出版社編輯部邀請汪老等文化界、新聞界名流聯歡，龍冬夫婦專門負責陪伴照顧汪老，一起喝酒，一塊聊天……在三月份吧，汪老還到龍冬、央珍家談天說地，汪老坐在央珍從西藏帶來的金黃色落地窗紗前的椅子上笑瞇瞇地抽煙，央珍他們開玩笑說汪老像個活佛，汪先生則拍了拍龍冬的腦袋，那就算是“摸頂”啦。

就在汪老去世前的一兩個月時，龍冬與蘇北在一天上午去了汪老家，汪老還拿出一幅畫要送給央珍，因為央珍喜歡紫色，汪先生特意給她畫了一幅紫藤蘿。

得知汪老遽然病逝的噩耗，龍冬、央珍極度悲慟。在汪老辭世的第二天，他們就趕到了汪家，還一趟趟地與汪老的子女商議和料理後事，並為汪老的追悼會錄製、選放了聖桑的大提琴曲

《天鵝》。

在汪朝〈我們的爸〉一文中，她還記下了央珍和汪師母的親情。汪師母動情地說：“那個央珍真是可愛”，“我真想認央珍作乾女兒”。“一年多後，媽也去世了。此前，龍冬、央珍常來看她。媽看見他們很高興，能請楚地叫出他們的名字。後來她日漸衰弱，不怎麼說話了。央珍俯在她的枕畔，一遍遍親吻著她的面頰，她們之間真是流動著母女般的親情，令人感動。”

施亮是龍冬、央珍的好朋友，也是汪先生的忘年交。他在〈追往紀念的位置〉中有一段有關央珍與汪老的回憶。他寫道：

> 我與汪老初次見面時提到龍冬也是我的好友，汪老風趣地說：“哈，他娶了一個藏族媳婦兒！”我向他們（指龍冬、央珍）聊起此事，央珍立刻告訴我：“你猜我頭一次見到汪老，他跟我說什麼？”略頓一下，她就忍不住笑了：“他說，你好，藏妞兒！”然後，她就仰頭放聲咯咯大笑起來。汪老很喜歡與年輕朋友們在一起，他與龍冬、央珍夫婦的關係是很密切的。後來，汪老遽然病逝，我打電話到龍冬、央珍家詢問，央珍說起了汪老病故的經過，以及治喪過程，幾度言語停頓、哽咽悲泣，她的語調中有一種難以掩飾的哀痛。

汪老去世後，央珍、龍冬不僅多次去八寶山祭奠汪先生，還在 2017 年夏天汪老逝世二十年之際，開車專程去高郵，向汪先生奉上一瓣心香。

為紀念汪曾祺先生逝世十週年，我主編了《永遠的汪曾祺》（上海遠東出版社 2008 年版），書中收入了央珍懷念汪先生的文章〈來自一個西藏人的紀念〉。按照相關要求，我向央珍發送了請授權轉載的信函。但是，久久未獲回音。央珍的文章，充滿深情而又樸素地敘述了她和汪曾祺的忘年之交、父女之情，我實在不忍割捨，沒有函覆，不等於不同意轉載。我還是編進了書中。令我非常感動的是，就在此書即將付梓之時，我意外收到了央珍的一封信，信不長，全文如下：

金實秋先生：

您好！今天收到由西藏轉來的您的信函，這其間已過去了五個月。"回執"寄給您肯定晚了。但願您主編的書中仍有我的文章。因為汪先生是我非常敬重的一位作家，我把他和他的夫人當成了自己的親人，希望能藉貴書表達我永遠的思念。

我早已調到北京工作，在中國藏學研究中心的《中國藏學》雜誌當編輯。

祝好！

央珍 2008. 4. 11

隨信除寄來了“回執”外，還附上了她的名片。我一直珍藏著央珍的這一封信，這封信承載著汪老與央珍勝似父女之情。

2017 年 10 月 12 日，央珍不幸病逝。汪朗、汪朝及時去了龍冬的家，按照藏人的習俗，他們向臨時靈堂中的央珍遺像鞠躬、獻上潔白的哈達。

2019 年 1 月 5 日，“《無性別的神》—— 央珍作品北京發佈會”在雍和宮隆重舉辦，汪朝在會上動情地敘述了央珍與她一家的誠摯情誼，汪朝說，“這不是作家之間的感情，是兩代人的感情”。

“老瘋子”與“小瘋子”

——與劉琛

“老瘋子”是汪曾祺麼？誰說的？誰敢這麼稱呼我們的汪先生？！雖說，在西南聯大時，他常於月白風清之夜，獨自一人坐在大槐樹的老樹根上吹笛，常常一吹就吹到半夜，同學便有人說，“這傢伙是個瘋子”——不過，這不是“老瘋子”啊。1957年“反右”前，汪曾祺在工作單位的黑板上寫過一句話，“我願意是個瘋子，可以不感覺自己的痛苦”。當然，這是發牢騷的話。汪先生未成瘋子，落得了一個分子：“右派分子”。然而，這更不是“老瘋子”啊。

好吧，不賣關子了。告訴你吧，這個“老瘋子”是汪先生自個兒說的，自稱的，時在1995年，汪先生七十五歲高齡矣！

“老瘋子”見於他給別人的一封信，有白紙黑字為證。不信？

將此信中的這段話抄給你看。

你寫"老瘋子"的文章很流暢，但我不太滿意，對我的思想性格寫得不深。這也難怪，我們接觸得還不太多，你又是比較外向的人，不大會深思。這樣也好，感覺多少說多少，不像一些訪問我的記者，淺淺地接觸，但玩深沉……

老伴說，《作品》把她的名字排成了"施格卿"，冇關海！

我 29 日到溫州去一趟，約 10 日後即回，以後再聯繫。

匆問近好！

老瘋子

十月二十七日

諸君看到了吧：兩處"老瘋子"。此信寫於 1995 年，抄自人民文學出版社 2019 年出版的《汪曾祺全集・書信卷》第 328–329 頁。從信中可以看出，汪先生挺喜歡此人的，雖然對寫他的文章不太滿意；但過一天就要出差了，還是抽空寫了這封信，還希望與之再聯繫。如果只是關係一般，能如此往來嗎？現在，我來披露"小瘋子"是誰吧。"小瘋子"也以汪老的信件為證。這封信寫於 1995 年 3 月 13 日，且看"點題"之處吧。

……收到信（很久了）很高興，我們都很想念你。香港嶺南學院本訂三月間請我去講學，我以為可以見到你，不料我住了一些時醫院（因肝功不良），香港之行取消，就錯過了看到你這小瘋子的機會，遺憾！

汪曾祺

施松卿

三月十三日

汪朝問你好！我們常常談到你，說明你給人印象之深。她已於去年5月成家，所以不在這裏，不能在信上簽字。……

松卿

諸君請看，這位“小瘋子”與汪老一家何等親近哦！一封信上有汪老署名、汪師母署名，又特地說明汪朝為什麼未能署名；如此署名，也許是汪先生致他人信中之“唯一”了！

汪先生發出這封信後兩個月，他又給這位“小瘋子”發出一信。信的開頭就是：“昨天收到來信，很高興。”接著就說：“你要寫我，我當然同意，欣然同意”，“希望你能別出心裁，說出點未經人道的話。你寫吧，我相信你能寫好”。下面還有幾句話供大家分享，汪先生說：

"你還能瘋，這很好。"

"我很想你。"

"上帝保佑你！"

這三句話，彰顯了殷切、熱忱而深長的父輩之愛！閣下看到這裏，大概也已動容了吧。

"小瘋子"寫的"老瘋子"究竟如何，有興趣的讀者不妨找來看看。此文刊發於1995年第9期《作品》，題目是〈文學外的汪曾祺先生〉，作者署名：劉琛。"小瘋子"者，劉琛也！

這期《作品》還登載了汪曾祺送劉琛的一幅花鳥畫。劉琛說，畫上"那隻鳥眼睛大而微豎，眼神也是直接堅定的，很像先生的眼神"。畫上有題詞："此小幅久未與人，因不得其人也。今與劉琛。汪曾祺"。短短數言，意味深長。我以為，這題詞遠比畫有分量、有蘊涵、有價值。就我所目擊而言，這樣的題詞，汪老很難得說，或許就從來沒有說過。更使人眩目的是，為了配合劉琛的這篇印象記，汪老居然主動把小說〈窺浴〉也給"小瘋子"交《作品》發表了。汪老這樣罕見的支持、配合，不敢說是絕無僅有，但曰非常難得，那是絕不錯的！

現在，應當交待一下"小瘋子"是怎麼認識"老瘋子"的了。汪老的大公子汪朗在〈"老頭兒"三雜〉中說得清清楚楚：

廣東一家廣告公司在北京西山的八大處建了個山莊，想出一本精美畫冊來促銷，裏面要有介紹八大處周圍環境的文字，必須有文化有品位，於是公司便想到了老頭兒。儘管約稿出價甚高，是一般文字稿費的幾十倍，爸爸卻毫不猶豫地拒絕了這件事。負責聯絡此事的是中央戲劇學院畢業的一個小姑娘，在北京人藝待過，以後去了廣東。她人挺機靈又很懂事，和老頭兒東拉西扯，海闊天空地閒聊，搞得爸爸媽媽都挺喜歡她，像看待自己的兒女一樣。最後她提出自己的苦衷，希望爸爸幫幫忙，有了這份人情，此事才算談成。

汪朗說的這個小姑娘，就是"小瘋子"劉琛。汪老的女兒汪朝也說過這件事。汪朗文中所說的精美畫冊後來終於問世了，畫冊中的文字就是汪老所撰寫。2018 年第 5 期《北京文學》刊發了汪老的全文，題曰〈西山客話〉；同時刊發了汪朝的〈關於西山客話〉。汪朝說："〈西山客話〉寫於 1993 年底到 1994 年初，是廣州白馬公司所作的宣發的一部分。當初白馬公司的劉琛來找父親，被我們一口回絕了。汪曾祺哪能寫這個呢？可劉琛很有股韌勁……她說，只有汪曾祺的文字最適合寫這個宣發，別人不行。磨來磨去，她成了父母的小朋友，他們都很喜歡這個鬼靈精的小姑娘。更打動人心的，是劉琛要求公司開出了'天價'，3 萬元，現在不值什麼，當時可真不少，發個短篇也就幾百元。老頭兒覺得值得賣賣塊兒。”

劉琛本人也有數語簡述了她與汪老一家感情漸深的過程。1993 年下半年，她認識了汪曾祺。“跟先生一起時間不很長，也就是兩個月內的數十個下午及夜晚，卻與先生及其家人有了感情。”她說，“給先生去信，先生很忙，但都會抽空回信，先生的信寫得也很親切，很貼心。”“小瘋子”發自內心地坦言：“我很想念先生，還有他的家人。”

行文至此，我相信已有不少朋友也喜歡上這個“小瘋子”了。我甚至覺得，作為讀者、作為“汪迷”，我們真應該謝謝這位“小瘋子”。不是她的瘋勁，哪能有汪先生的〈西山客話〉？某種意義上說，〈西山客話〉是劉琛“催生”的，這是其一。其二，看看汪先生一家寫劉琛的文字，我們可以想像得到“小瘋子”在汪老家“受寵”的程度，可以想像得到“小瘋子”與他們親昵的情景，可以想像得到“小瘋子”給汪老夫婦所帶來的歡樂愉悅！

當然，汪老對“小瘋子”不僅僅是關愛，還有期待。可告慰汪老的是，劉琛的“瘋勁”也用在了工作和創作上。正如汪先生所說，劉琛真“還是一塊料”。她後來辭去了白馬廣告公司的工作，先到英國深造獲得了文學碩士學位，後在中央美術學院傳媒動畫學院、中山大學傳播與設計學院任教；還編創了電視劇《相思樹》、《我的三十年》（合作），電影《秋喜》（合作）等影視作品；她 2001 年擔綱導演的電視公益片《國際助殘日》榮獲第七屆全國廣告優秀作品展銅獎。她似乎還那麼“瘋”，跟學生是“沒大沒小”，有的男生稱她為“哥們”，有的女生想與她“戀愛”；只可惜“老瘋子”再也不能和她一起瘋了！

2022 年初，從汪朝處得知了劉琛通訊處，她很快便惠寄了刊發〈文學外的汪曾祺先生〉的《作品》。我在表達對她感謝的通話中問她，後來有沒有寫過懷念汪老的文章，她說沒有；只是略停頓了一下，接著說：我很想念先生，還有他的家人。

這是劉琛的心裏話，這是“小瘋子”對“老瘋子”的永恆的愛、永恆的懷念！

最後的採訪與永恆的緬懷

——與高蓓

我認識高蓓是源於汪曾祺先生。2007 年，高郵隆重舉辦紀念汪曾祺逝世 20 週年活動，高蓓和我都應邀參加了這次活動。有“天下第一汪迷”之稱的作家蘇北也去了。這是我第一次見到高蓓，在座談會上，高蓓講述了當年在北京採訪汪老的情況。前年，我編輯《女作家筆下的汪曾祺》，書中收錄了她的兩篇文章：〈最後的採訪〉和〈清淡傳香遠〉，於是便與她聯繫多了起來。從交談中，我不僅知道了不少她那天採訪的一些精彩細節，也了解到她後來又幾次去過高郵，還得知了她在事業上的發展和文學上的成果。其中，這位小同鄉對汪老的緬懷之情使我尤為感佩，印象甚深。

揚州有一位文友說高蓓“給人的感覺是聰慧、敏捷，不失文人之秀。長長的披肩髮，輕攏鵝蛋臉形，上身著紅色彈力衫，一襲深藍底色呈星狀花紋的長裙，顯得美麗大方，即便不開口，也讓人覺得腹有詩書氣自華，朝氣蓬勃”。這是上世紀 90 年代後期的高蓓。蘇北對高蓓的印象是，“高蓓那時才 30 出頭，青春氣息是有的，人也很漂亮。一口輕靈的婉轉的聲音，也甚美”。文友和蘇北說的那時，正是高蓓 1997 年去採訪汪曾祺之際。對高蓓的印象，我不像蘇北他們兩位那麼清晰，記憶猶新的是她講述的當年對汪老最後的採訪。

1997 年 5 月 11 日上午，高蓓去了汪府。她當時是北京《中華週末報》記者，久仰汪老大名，想去做一次訪談。同時，她有一本散文集《傾聽心靈》即將出版，也想同時請曾祺先生題寫書名。高蓓在北京媒體工作前，在《揚州日報》工作，認識時在江蘇省委宣傳部工作的陸建華老師，並從他處要到了汪老家的電話號碼。小高很快與汪老聯繫上了，汪老第二天要去中國作協參加“迎接香港回歸倒計時 50 天”的活動，便約定高蓓在那裏見面。不料第二天，高蓓去了中國作協，活動室裏卻空無一人。原來是汪老記錯日子，把 11 日當成 12 日了。高蓓便與汪老通話，汪老爽快地要高蓓現在就去他家。高蓓喜出望外，興沖沖在途中購買了鮮花和果籃，趕到汪府所在的北京虎坊橋小區門口時，門衛指著正與鄰居說話的汪老告訴她，老先生擔心你走錯門，特地從四樓下來等你，好一會兒了！

這是高蓓第一次看到了自己心儀的文學前輩，年屆 77 歲高齡的汪先生神清氣爽，和藹親切，他特意換上的一身西裝，更顯得精神矍鑠。高蓓是個有心人，她不僅給汪老帶去了鮮花和果籃，還特意帶上了幾份《揚州日報》。高蓓相信，汪老肯定會對家鄉非常關心的。得知高蓓要給他拍照，曾祺先生便問小高，"怎麼個照法？"高蓓說，就拍些生活照吧，隨意點，看書、畫畫等，都可以。

汪老樂呵呵地往椅子上一坐，順手拿起《揚州日報》，戴上老花眼鏡便翻看起來，隨後，又起身從書案的筆架上拿了一支筆，非常高興地告訴高蓓，這是四川友人送他的鼠須筆，非常好用，還說，我試給你瞧瞧。說著攤開宣紙，揮毫寫了一副對聯。聯文是詩聖杜甫的詩句——細雨魚兒出，微風燕子斜。這真是個意外！高蓓非常開心，趕緊按下快門，以記者的敏捷拍下了汪老伏案題款的鏡頭。更讓高蓓感到幸運的是，汪老心情甚好，寫罷對聯，他意猶未盡，又主動拿出一幅現成的畫作贈送她，是一幅寫意彩墨《丁香圖》。畫中花正盛開，清氣花香，撲面而來。頗有紀念意義的是，高蓓還為汪老拍攝了幾張在書房的坐像，汪先生雙手搭在椅子上。眼睛凝視前方，彷彿在思索著什麼，又似乎在無聲訴說著什麼……

在〈最後的採訪〉一文中，高蓓描述了當時的情景："因為邊聊邊拍，不知不覺中，已拍了 20 多張底片。汪老說，我怎麼覺得只拍了幾張呢？什麼時候能看到照片？我說明天吧，明天我和您一起去開會時帶給您看。汪老問，有那麼快嗎？那好那好！神態好似老頑童。已近中午，汪老執意留我在他家吃午餐，一頓風味獨特的炸醬麵和幾碟爽口的涼菜，讓我更深信，有'文壇美食家'稱譽的汪老果然名不虛傳。"這一頓飯時間不長，卻在高蓓的腦海中留下了美好的回憶。高蓓說："和汪老自然地談著家鄉的風物、點心、醬菜、瘦西湖……是那麼的親切、溫暖，深深感激汪老對我這個家鄉文學晚輩的關懷。席間，汪老還打趣地指著和我們一道用餐的安徽小保姆說，她的權力可大呢！她每天安排我去買菜，她說買什麼菜我就買什麼菜，我也樂意親自去菜市場。"

順利地採訪了汪老，意外地嚐到了一頓美餐，喜獲了他老人家兩張書畫，高蓓興奮之餘，下午立馬就到圖片社，採用立等可取的方式，沖洗了好幾套照片。第二天一早，她興沖沖地趕到汪老家，想讓老先生高興高興。誰知汪老女兒汪朝告訴她，老人家昨晚 11 點鐘左右食道大出血，緊急送到友誼醫院搶救了。高蓓忙問，嚴重嗎？汪朝回答，暫時穩定了，先觀察兩天再說。高蓓就對汪朝說，汪老想看照片呢，請你們把照片帶到醫院給他看看吧！汪朝接過照片說，不急，還是放在家裏吧，等他好了再看。高蓓欲告辭去中國作協參加活動，正巧《文藝報》主任王山（文化部長王蒙的兒子）驅車來接汪老與會，汪朝便拿出汪老特地為活動畫的《喜迎香港回歸圖》，請我們帶過去。到了中國作協，高蓓親手將畫交給了王蒙部長。

1997 年 5 月 16 日，汪老突然去世後，諸多新聞媒體迅速報道了這個消息，不少報刊選用的圖片也出自高蓓之手。當時她給汪朝的照片也幾乎被北京、廣州的記者索要一空。高蓓直率地告訴我，她當時哪裏知道這是對汪老最後的採訪呀，更不會想到這 20 多張照片的價值。她說已經拍了無數照片的自己，當時的每次按動快門，在日後卻是如此的意味深長。而汪老那睿智深邃的目光，從此便永遠定格在茫茫時空，定格在萬千熱愛他的人們心上。

2023 年 6 月，高蓓在高郵參觀了新建成不久的汪曾祺紀念館，還去了市文聯組織的"汪迷部落"值班室，看到大幅汪老照片中那炯炯的眼神，她感慨萬千，並應邀在值班室紀念冊上充滿感情地題寫了 12 個字——

有人想念，時時憶起，便是永生。

為了弘揚汪老高風，傳承汪老文脈。高蓓還託人精心複製了數幅《丁香圖》贈友人分享，贊化中學也得到了一幅，她希望汪老的母校春風化雨，英才輩出。她還送了一幅給“汪迷部落”，其含義自不待言。

汪曾祺紀念館裏陳列著從北京移來的汪老書房中的全部物件，高蓓看了彷彿一下子回到了20多年前。她看見闊別20多年的汪老的舊物，不禁心潮澎湃，感慨萬千。“我相信自己與其他普通觀眾的感受肯定是不同的，很少人會注意到衣架上那件灰色的西裝。我輕輕撩起塑料護套，撫摸著熟悉的面料，忽然感覺熱淚盈眶，這正是21年前汪老那天見我時所穿的西裝啊！在紀念館內慢慢地走著，看得特別仔細。汪老生前用過的書櫥、書桌、籐椅、筆架，都是我21年前在他北京家中採訪時見過的。”高蓓特地買了一大捧鮮花敬獻於汪老的塑像前。汪老坐在籐椅上，手中夾著一支煙，自在地翹著腿，神態悠然。高蓓與汪老的塑像拍了好幾張照片，有側立於塑像身後的，有一起在塑像並坐的……她彷彿又回到了20多年前那溫馨的一天，似乎又在與老人家親切地聊著文學，聊著美學美食、聊著故鄉……

高蓓還告訴我：“有一次我在高郵參加紀念汪曾祺活動，和汪曾祺先生的子女相聚，在中午的宴會上，汪朗先生專門過來給我敬酒，他說，高蓓，你是我父親生前最後一位採訪他的記者，也是他在家見到的最後一個外人，你那天帶了鮮花，又帶了果籃，與他聊得輕鬆愉快。老爺子平生最愛美食、美女和才女，所以說，那天，他是非常高興的。後來，你又寫了不少懷念我父親的文章，在中央媒體發表。我們全家都很感謝你。”

現在看來，汪先生的書畫可謂送對了！送準了！當年採訪他的那位揚州才女，後來加盟到中央級期刊《中華英才》工作，魚躍龍門，丁香怒放。高蓓成功地採訪過厲以寧、朱士俊、潘家錚、吳徵鎰、吳徵鎧、季羨林、余光中、蔣樹聲、賀恭、馬玉濤、陳逸飛等各界名流和成功人士，從資深記者幹到副總編、編委，還兼任 CCTV 東方之子特邀策劃，已出版了《傾聽心靈》、《走向卓越》兩本著作，《生命中的回眸》、《一路芬芳》、《收穫生命的豐年》等新書也即將出版。時為《中華英才》社長的王霄鵬非常賞識他這位得力部下，他在《走向卓越》一書的序中說，高蓓是相識多年的好友，誇她能熟練地運用特寫這種體裁，以真實典型的細節打動人。王社長還說，高蓓很會講故事，她講的故事不但好聽，而且必要時還融入了自己強烈的情感，令聞者精神抖擻，心曠神怡，頗有啟迪。我讀了高蓓的部分文章，感覺確實如此。

與高蓓接觸多了，自然也就了解多了。我隱隱覺得她似有所遺憾，那就是當年拜訪汪老太遲了些。若早些去拜訪先生，汪老也許不僅會給她題寫書名，一定還會給她更多的教益，更多美好的記憶，而她也一定會寫出更多更好的學習、懷念汪老的文章。

友誼地久天長

———與聶華苓

享譽國際文壇的“國際寫作計劃”，是聶華苓夫婦於 1967 年創辦的。它有計劃有目的地邀請各國作家到愛荷華“促膝長敘，杯酒論文，交換他們的經驗體會和他們的心”，對增進各國作家之間的了解與理解、推動中國文學走向國際文壇，起到了非常大的作用。聶華苓因此被譽為“世界文學組織之母”，1976 年，還被 300 多名各國作家聯名推舉為諾貝爾和平獎候選人。1987 年 9 月，汪曾祺應邀參加“國際寫作計劃”，在三個月的相處中，汪曾祺與聶華苓夫婦從萍水相逢到成了推心置腹的好朋友。

由於“文革”導致了中國作家與世界文壇的疏離與隔膜，各國作家和讀者對中國作家及作品所知甚少。為此，聶華苓對汪曾祺來“國際寫作計劃”在媒體上作了強勢宣傳，汪先生特地帶了幾張當時美國的報紙回國。在他從美國回到北京後幾天，山西作家烏人去拜望他。烏人回憶道：他高興地"拿出一張美國報紙讓我看。報紙上有一張汪先生的彩色照片。那是一張很大很大的照片，足有'文革'期間毛主席在報紙上發的那麼大。汪先生說：發這麼大的照片，這在美國也很少。要知道這是國家領導人的待遇啊。"汪朗曾對媒體俏皮地說了老頭兒初到愛荷華的一個細節。他說，1987年汪老出訪美國，雖然歲數大（時年67歲），但那時在國外還屬一個不知名的作家。於是，老頭兒拿了《晚飯花集》和《汪曾祺短篇小說選》來為自己作身份證明。也許擔心書不夠用，他在美國給我們寫信，讓家裏趕快給他再寄一部分書去，他好在那裏"四處張揚"。可歎惜的是，書即使夠用，也只能在小範圍內有作用，因為懂中文的美國人畢竟太少太少了。而聶華苓在媒體上的這一宣傳，那就大不一樣啦！

汪先生很尊重聶華苓，這從他送聶華苓的禮品上可以看出來。在臨赴愛荷華之前，老頭兒就考慮送什麼給聶華苓好，想來想去，瓷器作為禮品最好了。但轉念又想，瓷器易損壞，不易攜帶，更不能多帶。幸好有外事經驗的鄧友梅一句話提醒了他："嘿！這有什麼可愁的？你什麼也不用帶！你就把你的書畫帶一些過去，不是比其他東西更好嗎？"於是汪先生給聶華苓帶去了一幅畫，在〈遙寄愛荷華——懷念聶華苓和保羅．安格爾〉中，老頭兒慎重地記下了這件事。他說：“我給她帶去一個我自己畫的小條幅，畫的是一叢秋海棠，一個草蟲，題了兩句朱自清先生的詩：‘解得夕陽無限好，不須惆悵近黃昏’。”當然華苓也是尊重汪先生的。汪曾祺高興地說：“第二天她就掛在書桌的左側，以示對我的尊重。”距離別美國還有幾天時，恰逢感恩節，汪曾祺又琢磨著送聶華苓什麼東西為好了。汪先生說，“給聶華苓什麼吧？黃凡送了我一個水晶玻璃的盒子，用來轉送別人，不合適。茶葉還有，但她家裏茶葉有的是。忽然想起，可以送她兩支毛筆。裝在一個錦盒裏，還像樣。”投我以桃，報之以李。臨分別的前一天，聶華苓聽說別人送給汪曾祺的酒壺被小偷偷走了，皮夾子也偷走了；她“高興極了，說：‘我正想送你（汪曾祺）什麼好，這下好，我再買一個送給你！’她知道你（汪夫人）給我的皮夾子也丟了，說：‘正好，我有一個很好的皮夾子。’”這段話有意思吧，汪先生給汪師母十二月六日的信中就是這樣說的。

1990 年初秋，汪曾祺還託在愛荷華大學讀書的一位親戚帶了兩件禮物給聶華苓。一個是仿楚器雲紋的朱紅漆盒，一件是彩色扎花印染的純棉衣料。聶華苓非常喜歡，她對安格爾說：“這真是汪曾祺！”為什麼聶華苓如此喜歡呢？因為她是湖北人，仿楚之物，可慰她的懷鄉之情、故國之思耳！

聶華苓對汪曾祺的講演風格也頗為欣賞。汪曾祺在“我為何寫作”討論會上說得有故事、有細節，贏得了笑聲和掌聲。“這次討論會開得很成功，多數發言都很精彩。聶華苓大為高興。”（見汪曾祺十月二十日信）在十一月二十二日的信中，汪先生又得意地向夫人炫耀了聶華苓對他演講的激賞，曾祺先生在“美國印象座談會”上發言講了三個小事：林肯的鼻子是可以摸的、野鴨子是候鳥嗎、夜光“馬杆”。這三個小事，小而有趣，小中見大；時間不長，且輕鬆幽默。“聶華苓說：‘你講得很棒！最棒！’”他進而又自我表揚地說了一句：“我每次座談都是挺棒的。”

2009 年 11 月聶華苓應邀在香港浸會大學演講，學者尹新秋聽了講座後說，“聽聶華苓的講座，很享受。不是怕她說多了，而是嫌時間過得太快了。她的人生遭際和她說到的人，都很有故事。她的敘述，又很精彩。輕鬆，幽默，在笑聲和掌聲中娓娓道來。說到興頭上，她會朗聲大笑。那種大笑，不摻雜質，沒有一點顧忌。”（尹新秋〈走近聶華苓〉）於此可見，聶華苓與汪曾祺的演講風格是非常相近的，文人相親，同聲相應，聶華苓當然要盛讚老頭兒啦！

英國哲學家卡萊爾曾這樣評價那些大師：“他們是有益的夥伴，是自身有生命的光源，他們令人敬仰，挨近他們便是幸福和快樂。”我想，這幾句話用來評說汪曾祺和聶華苓，那也是名副其實的。

在〈遙寄愛荷華〉中，汪先生向讀者們透露了聶華苓在他家吃飯的事。回憶起這往段事，老頭兒禁不住眉飛色舞，興致勃勃。他說，一九八八年，安格爾和聶華苓訪問中國大陸。作協外聯部不知道是哪位出了一個主意，不在外面宴請他們，讓我在家裏親手給他們做一頓飯，我說行！聶華苓在美國時就一直希望吃到我做的菜（我在她家裏只做過一次炸醬麵），這回如願以償了。我給他們做了幾個什麼菜，已經記不清了，只記得有一碗揚州煮乾絲、一個熗瓜皮，大概還有一盤乾煸牛肉絲，其餘的，想不起來了。那天是蔣勳和他們一起來的。聶華苓吃得很開心，最後端起大碗，連煮乾絲的湯也喝得光光的。

對此老頭兒挺得意，曾給一些親友說過，在〈自得其樂〉文中，他也寫到了此事，不過敘述簡略一點了。他說："我給做了幾道菜，其中一道煮乾絲。這是淮揚菜。華苓是湖北人，年輕時是吃過的。但在美國不易吃到。她吃得非常愜意，連最後剩的一點湯都端起碗來喝掉了。不是這道菜如何稀罕，我只是有意逗引她的故國鄉情耳。" 後來他寫的《乾絲》裏，曾祺先生又說到了那天的煮乾絲，最後兩行還有意無意地作了"補充說明"："我那道煮乾絲自己也感覺不錯，是用乾貝吊的湯。前已說過，煮乾絲不厭濃厚。"

再說一下，在愛荷華的那一頓北京炸醬麵，汪先生可謂是“勞其心志，苦其筋骨”了。傅國霖先生說：“汪先生幾乎跑遍了愛荷華的大街小巷，終於買到了一罐黃醬，於是便精心製作了一碗‘小碗乾炸醬’，佐以黃瓜絲、青豆等各種菜碼兒，並親自動手擀麵，直吃得聶華苓連聲叫好，說明天還要來吃炸醬麵。”（傅國霖〈憶汪老二三事〉）

在美國，汪曾祺可謂過足了酒癮。他到美國後給夫人寄了 16 封信（含斷斷續續寫的放在一起寄），從第一封信便說到了酒，直至最後一封信，也還提到了酒，前後竟有八封信中都不離酒！

第一封信中，他興奮地向夫人報喜：“昨天剛到愛荷華，洗了一個臉，即赴聶華苓家的便宴 —— 美國火鍋。喝了兩大杯蘇格蘭威士忌。邵燕祥擔心我喝酒成問題。問題不大。昨天宴後，就給我裝了一瓶威士忌回來。”中秋節那天，汪曾祺是在聶華苓家度過的，老頭兒有點遺憾：“有極好的威士忌，我怕酒後失態，未能過癮。”10 月 18 日，聶華苓主持舉辦了一次文學討論會，會後聶華苓又邀汪曾祺等人去她家喝酒聊天。臨離開美國準備回北京的前夕，那晚他熟睡時，小偷進來把他房間裏的電視機，還有 600 元現款、多半瓶 Vodka，以及不少小東西都給拿走了。汪先生在給夫人的信當然要“坦白交待”啦，但就是不說為什麼如此“熟睡”。聶華苓當然知道的，她回憶說：“在一個晚會上，喝得酩酊大醉，幾個作家抬著他回五月花公寓。第二天，醒來發現房門大開，錢丟了，房門鑰匙也不見了。”後來，汪先生在〈遙寄愛荷華——懷念聶華苓和保羅・安格爾〉一文中寫道：

> 他們家幾乎每個晚上都是座上客常滿，杯中酒不空。美國的習慣是先喝酒，後吃飯。大概六點來鐘，就開始喝。他們家放酒和冰塊的地方我都知道。一邊喝加了冰的威士忌，一邊翻閱一大摞華文報紙，蠻愜意。我在安格爾家喝的威土忌加在一起，大概不止一箱。我一輩子沒有喝過那樣多威士忌。有兩次，聶華苓說我喝得說話舌頭都直了！臨離愛荷華前一晚，聶華苓還在我的外面包著羊皮的不鏽鋼扁酒壺裏灌了一壺酒。

與曾祺先生對門而居是台灣作家蔣勳，這位作家也是一位酒徒。他在一篇回憶文章中直言：“喝酒的忘年之交裏，最讓我痛心的是汪曾祺……汪先生一大早就喝酒，娃娃臉通紅，瞇著細小的眼睛，哼兩句戲，顛顛倒倒……汪先生一醉了就眼泛淚光，不是哭……喝醉了，他把自己關在密閉的房間裏抽煙……很享受了一段狂酒狂煙爆炒麻辣的日子。”

老頭兒的遺物大多都贈送了家鄉的“汪曾祺紀念館”，但有一樣東西沒有捐出去，那就是聶華苓送曾祺先生的那隻酒壺。酒壺中還有不少酒，汪先生一直沒捨得喝。有一位記者在汪家舊居採訪汪朗，汪朗拿出這個酒壺“一搖，還能聽到叮叮噹噹的酒聲”。這隻酒壺，承載著汪先生對愛荷華的回憶，承載著老頭兒與聶華苓的友誼！

在此也藉機說一下，〈遙寄愛荷華——懷念聶華苓和保羅·安格爾〉寫於 1991 年 12 月 20 日，發表在《中華兒女》1992 年第 2 期。《中華兒女》是中華全國青年聯合會主辦的大型期刊，鄧小平親題刊名，當時有四高（高層次、高格調、高水準、高質量）之譽，在海內外頗有影響。汪先生的忘年交龍冬時為該雜誌編輯，他向老頭兒約稿，曾祺先生遂把此稿交給他發表。龍冬至今還珍藏著汪先生的原稿手跡。他告訴筆者，汪先生的文章標題原為〈懷念聶華苓和保羅·安格爾〉，龍冬以為不理想，“打電話請他（汪老）再斟酌。他在電話裏靜默了不到一分鐘，脫口而出：‘那就叫〈遙寄愛荷華〉吧！’我回答，原標題改為副標題。他說‘可以’。”還有一個鮮為人知（或曰讀者容易失察）的事，北京師範大學出版社的《汪曾祺全集》（1998 年版）較之人民文學出版社的《汪曾祺全集》（2018 年版），汪老的這篇文章居然莫名其妙少了一小段。這一段如下：

> 我到美國好像變了一個人。我對聶華苓說：“我好像脫了一層殼，放開得多了。”
>
> 聶華苓說：“那是！”

“這和你們相處有關係。”

“那是！”

我說：“回國以後，我還會縮進殼裏去的。”

其實，這一段話的主要意思在汪曾祺給聶華苓的信和給夫人的信中早表達過了。汪先生說：“所有的作家都覺得別人很可愛，並覺得自己比平日更可愛。這是受了你和保羅的影響，因為你們很可愛。作為一個中國作家，我本來是相當拘束的。我好像一枚包在硬殼裏的堅果。到了這裏，我的硬殼裂開了。我變得感情奔放，並且好像也聰明一點了。這也是你們的影響所致。因為你們是那樣感情奔放，那樣聰明。謝謝你們。”在十月二十日給汪夫人的信中說得更明確。曾祺先生云：在愛荷華“我好像一個堅果，脫了外面的硬殼……回國之後，我又會縮到硬殼裏去的。”為什麼少了這一小段呢？是無意漏掉了，還是有心刪除了？我真的不知道。

即將離開愛荷華歸國之際，汪曾祺給聶華苓寫了一封信，他說“這是一封告別信，也是感恩節的信”。信不長，充盈著讚美、感謝和情誼。聶華苓看到後就立即給汪先生打去了電話，“說這封信她將永遠保存”。當然，她永遠保存的不僅僅是這封信，更是她與汪曾祺先生的友誼，地久天長的友誼。

文壇的兩株常青樹

——與王渝

這兩株常青樹，一株在中國大陸，他是汪曾祺，林斤瀾譽他是“一個人的森林”，可謂是文壇誰人不識君。一株在美國紐約，她是王渝，紐約華人文化圈子裏的朋友們都誇她是“綠蔭如蓋的常青樹”。

曾見過王渝與文友們的一幅合影，顧城、北島與貝嶺、李斐、秦松、張朗朗、沈沉等年輕詩人眾星拱月似的把王渝和嚴力圍在中央：因為，顧城、北島他們都曾得到過“常青樹”的護蔭。北島還說，“王渝過去在紐約的住處，曾經是眾多有影響的文學藝術家的聚會場所，甚至是臨時避難寄宿的地方。”比如，詩人木心剛去美國時，就曾在她家沙發上“寄宿”過；也正是王渝，最早向港台文學界推薦了木心的作品。汪曾祺也曾得到過王渝的幫助，香港作家潘耀明撰文說，“汪曾祺的文名是屬‘外銷轉內銷’式的。他的文章，先是得到美國紐約《華僑日報》副刊主編王渝的青睞。王渝是詩人，有詩人的敏感眼光。她覺得汪曾祺文章簡約、精煉，富詩味，不可多得，便在她主編的副刊發表了不少他的作品。在國外出了名後，內地評論者才真正注意起這類文體作品。”（彥火〈獨自凌霄的汪曾祺〉）這儘管是一家之言，但王渝在紐約最先傳播汪先生的作品和擴展汪先生的影響確是卓有成效、功不可沒的。

1987 年 10 月 13 日，汪曾祺赴美國參加“國際寫作計劃”之際，這兩株大樹在愛荷華相會了。在見面之前，王渝便為汪先生做了幾件事。9 月 20 日夜，汪曾祺在給夫人施松卿的信中一開頭就“報告”：“趙成才把《紐約時報》雜誌寫的關於我的專訪譯出來給我看了。我看沒有什麼問題。……其中引用了我的一句話，純屬揑造。但是關係也不大。管他呢！我對文藝和政治的意見，自有別的談話和文章可為佐證。《華僑日報》轉載了我和林斤瀾的談話，對我很有利。”轉載這個談話之人，正是王渝也。信中所說《紐約時報》的文章，是該報北京辦事處首席記者愛德華·A. 戈爾根寫的報道（刊於 7 月 12 日），文中有一小段寫到了汪曾祺接受專訪時對“批判資產階級自由化”的一些看法。第二件事是，王渝把汪曾祺在美的演講稿、發言稿〈我是一個中國人〉和

〈作家的社會責任感〉要去發表，並提前付了稿費。汪先生坦言：“這兩篇東西如發表，對我的政治形象有好處。”（見汪曾祺 9 月 29 日致施松卿信）第三件事是，王渝把汪曾祺《聊齋新義》中的〈黃英〉、〈蛐蛐〉、〈雙燈〉、〈石清虛〉率先在 9 月於《華僑日報》發表了。

王渝是從紐約專程去愛荷華與汪曾祺見面的。巫寧坤是王渝的舅舅，這位舅舅是汪曾祺的多年摯友知交，她早就從舅舅處聞知汪曾祺的大名了。王渝在《華僑日報》發表的汪曾祺改編《聊齋》的四篇小說，稿費可得 240 元，汪先生第二天便興奮地向夫人“報喜”了。10 月 17 日，王渝陪汪曾祺參加了 Program20 週年大慶酒會，晚餐後有印地安人表演舞蹈，節目後是舞會，王渝拉著汪先生下去跳了一支倫巴。汪先生那天跳得很盡興，剛過了一天，他就情不自禁地借王渝之口把自己大大地表揚了一番。老頭兒寫信告訴夫人：“德熙說我在美國很紅，可能是巫寧坤的外甥女王渝寫信告訴他的。王渝寫信給巫寧坤，說：‘汪曾祺比你精彩！’她說那天舞會，我的迪斯科跳得最好，大家公認。天！”（見 10 月 20 日給施松卿信）10 月 27 日，老頭兒又寫信告訴夫人：“王渝要帶我們去看光屁股舞”；不過，這個光屁股舞未看成。“5 號本來王渝要請我們看一個裸體舞劇。這個劇是美國最初的裸體舞劇，已經演了十幾年，以後的裸體舞劇都比不上它。但王滳找不到人陪我們去。……我們也累，於是休息了一天。”（見11 月 15—16 日給施松卿信）據王滳的朋友常少宏說，王滳也請別人看過這個裸體舞劇。2019 年 1 月，文友們在王滳生日聚會席間曾聊到這個舞劇。“原來事情是這樣的：有個劇院不斷地給王滳送免費票，戲名是‘哦，加爾各達！’王滳以為就是普通的歌舞劇。看過的人背後說：‘王滳老師真超前，讓我們去看裸屁股的戲！’後來王滳自己看了才明白，戲名是有意諧音法語，那就成了：‘哦！好大的屁股！’席間笑成一團。”（見常少宏〈給王滳過生日〉）可見，那時王滳請汪先生看的歌舞劇，也是這免費票吧。

王滳十分欣賞汪曾祺的文章，有的還看得很仔細。她曾多次引用過汪曾祺作品中的話，如在〈紀念張充和〉中，她說，張充和“為姐夫沈從文寫的輓聯是：不折不從，亦慈亦讓；星斗其文，赤子其人。作家汪曾祺說，非常貼切，把沈先生的一生概括得很全面”。在說到《新水滸傳》時，她居然冷不丁地說了一句：“汪曾祺的文章裏面得知‘忽律’乃是鱷魚”（王滳〈看《新水滸傳》：惡評比連續劇起勁〉）。而在〈年輕人年輕〉這篇文章裏，王滳則是引用了汪先生一段對年輕作家的肺腑之言：“希望他們開始時，不要學任何人，應該怪一點，朦朧一點，荒誕一點，狂妄一點，不要過早地歸於平淡。”

在美國期間，汪曾祺送了王瑜一幅斗方《蘭花圖》，妙曼而高雅，題詞曰：吳帶當風。我以為，這似乎是在借喻王瑜的氣質與風度吧。

萍水相逢正投緣

——與曹又方

汪先生的文友香港作家彥火（潘耀明）與老頭兒很熟，曾寫過好幾篇關於他的文章，生動活潑，情趣盎然。我印象最深的是潘先生在〈汪曾祺詩與文〉中說過一段“趣話”：“難怪汪老很投緣，吾友施叔青、王渝、曹又方等女中豪傑，均交加讚譽，並表示若時光倒退，一定以身相許。這當然是講笑而已，但汪老之受歡迎程度，可想而知。”文中所說的曹又方，是台灣著名的女作家，成名較早，在台有“張愛玲第二”之譽。汪曾祺在美國時，她也在美國，聞知汪先生在愛荷華，特地從紐約至愛荷華晤面，並陪同老頭兒參加了一些活動，借用彥火的話說，她與老頭兒確實很“投緣”。

汪先生在《美國家書》中幾次說到了曹文方。第一次提及是在十月十八日的信中。汪曾祺告訴汪師母，“這兩天 Program 舉行 20 週年大慶……17 日酒會晚餐都在體育館。晚餐後有印地安人表演舞蹈，很好看。最後一個節目是表演者和觀眾一起跳，一拍一頓，轉圈子而已，我也插進去轉了幾圈。節目後是舞會，我被《中報》的曹又方拉下海無師自通地跳了一支迪斯科……這晚上我竟然跳了四支曲子。”第二次是在十月二十日的信上。十月十八日，台灣作家陳映真的姑父在燕京飯店請客，汪先生與曹又方都參加了宴請。“宴後映真的父親講了話，充滿感情。吳祖光講了話……也充滿感情。保羅・安格爾抱了映真的父親。兩位老人抱在一起，大家都很感動。我抱了映真的父親，忍不住流下了眼淚。後來又抱了映真，我們兩人幾乎出聲地哭了。《中報》的女編輯曹又方親了我的臉，並久久地攥著我的手。”十月十九日，“董鼎山、曹又方（筆者按：汪老忘了提王渝）還有《中報》的一個記者來吃飯（我給他們做了滷雞蛋、拌芹菜、白菜丸子湯、水煮牛肉、吃得他們讚不絕口），曹又方抱了我一下。聶華苓說：‘老中青三代女人都喜歡我。’”這是十月二十日汪先生給汪師母第十封信上“如實報告”的。就年齡而言，曹又方應位於“中”代，據王渝說，“活動之餘我們喜歡拉了汪曾祺一塊聊天。”（王渝〈汪曾祺的廚藝〉）那次汪曾祺下廚，就是在聊天時敲定的。第四次說到曹又方（在十一月十五日至十六日的信上），他說：“四號白天，《中報》的曹又方帶我和古華到‘炮台公園’去看了看自由女神（我們在世界貿易中心已經看過一次）。”那時曹又方已在美國多年，在“炮台公園”遊覽，她大概是要兼作導遊講解的了。

十一月十七日上午，汪先生又給汪師母寫了信，信中間又說到了曹又方。他說“我的講話〈中國文學的語言問題〉《中報》要發表”。汪老的這個講話在耶魯、哈佛都講過，是他關於文學語言的重要論述，首次交《中報》發表，無疑是對《中報》的重視和信任。其時，主政《中報》副刊的乃曹又方也。2019 年 3 月，人民文學出版社舉辦了“我們懷念汪曾祺”的公益講座，汪朗在講座上坦率地說：1987 年汪老出訪美國，“雖然歲數大（時年 67 歲），但那時在國外還屬不知名的老作家。於是，老頭兒拿了《晚飯花集》和《汪曾祺短篇小說選》來為自己做身份證明。也許擔心書不夠用，他在美國給我們寫信，讓家裏趕快給他再寄一部分書去，他好在那裏‘四處張揚’。”曹又方把他的文章在《中報》發表，其“四處張揚”的強度與作用當不可低估也！據蔣勳說，他還把汪曾祺的〈金冬心〉介紹給曹又方在《中報》發表了。

汪先生與曹又方的接觸當不止這些。曹又方說，“在紐約，曾與做客的汪先生一同去拜訪他在西南聯大的同學王浩”。（見曹又方〈風格先生〉）王浩是汪先生的同學、摯友。老頭兒在信中告訴夫人——“我和王浩四十一年沒有見了，但一見還認得出來。他現在是美國的名教授（在美國和楊振寧、李政道屬一個等級）。他家房間較多，但是亂得一塌胡塗……王浩現在抽煙，喝酒。我給他寫的字、畫的畫（他上次回國時託德熙要的），掛在客廳裏。”（十一月十五日至十六日信）大概是汪老見了四十一年沒晤聚的舊雨，無意中把剛相逢的新知給忽略了。

汪曾祺先生在美國逗留的時間並不長。在十月二十日的信中，他非常感慨地說：“我到了這裏真是好像變了一個人。我老伴寫信來說我整個人開放了，突破了儒家的許多東西……這樣一些萍水相逢的人，卻會表現出那麼多的感情，真有些奇怪。國內搞了那麼多的運動，把人跟人之間都搞得非常冷漠了。”寫這段話時，是他談及陳映真、聶華苓和曹又方時有感而發的；那時，汪老到美國還不到兩個月。

曹又方後來離開美國又回到了中國台灣，上世紀九十年代曾幾次來大陸參加文學活動，也到曾祺先生家去作客過 ，她回憶說：“大概是人上了年紀，棱棱角角都磨鈍了，汪的談話雖睿智卻鋒芒不露。對比起他大學時代的任性散漫，比方說，時常翹課，愛泡茶館，日夜顛倒，最扯的是他與同宿舍上下鋪的一位同學，由於作息互異，同居一年幾未照面種種，很難聯想一處。”

（曹又方〈風格先生〉）感歎之餘，可以使人深切地感受到她的惋惜之情。我想，那是與汪曾祺在美國的“萍水相逢”給她的印象太深了啊！

同聲相應　同道相益

——與施叔青

汪曾祺與施叔青的第一次見面是在 1985 年 10 月。其時，汪曾祺隨中國作家代表團訪問香港，代表團 4 日抵港，15 日返回內地。在港期間，施叔青邀約汪先生及香港作家古劍在美國俱樂部“美國會”喝下午茶。用古劍的話說，那次他們“漫無邊際地窮聊了一大通”（見古劍《書緣人間 —— 作家題簽本紀事》，山東畫報出版社 2010 年版）。雖然只是初次晤談，但正是這一次“窮聊”，拓寬了他們之間的了解與理解，為後來進一步深入而廣泛的交流和互惠奠定了堅實的基礎。那年汪先生 65 歲，已是蜚聲中外的著名作家，且已有人尊稱為“老作家”矣。施叔青出生於 1945 年 10 月，其時 40 歲剛出頭。然而，頗有文學天分的她 17 歲即發表了處女作《壁虎》，隨後連續發表了中長篇小說《琉璃瓦》、小說《常滿姨的一日》、《香港的故事》等有影響的佳作，說她是一位華語文壇上的佼佼者，實至名歸也。

汪曾祺與施叔青都是性情中人，"窮聊"者，聊得投緣、聊得盡興、聊得自在、聊得漫無邊際。古劍在書中寫到過他初見施叔青的印象："她一頭齊肩短髮，笑臉迎人，一身時尚兩件套打扮。一坐下就點了枝煙。席間誰有妙語，她就放聲大笑，一眼可看出豪放率性的性格。"

自此以後，汪曾祺與施叔青便開啟了持續數年的交誼：

1985 年 11 月 23 日，汪曾祺在給古劍的信中說："曾寄施叔青書二冊並一斗方畫水仙。"

1986 年 9 月 23 日，汪曾祺致陸建華的信中道："施叔青看了〈故鄉的食物〉，很想讓我陪她到高郵看看，看看汪曾祺的故鄉。"

1987 年 1 月，汪曾祺將在台灣出版《晚飯花集》授權給施叔青。

具有文學價值和相當影響的，是 1987 年 8 月施叔青與汪曾祺關於文學的採訪以及此後汪曾祺對施叔青著《西方人看中國戲劇》的評論。

1987 年 8 月底，汪曾祺參加愛荷華的"國際寫作計劃"，取道香港去美國。在港短暫停留期間，汪曾祺接受了施叔青的訪談。

施叔青為訪談做了充分的準備，她認真閱讀、仔細研究了汪曾祺已發表的主要作品，擬就了針對性的對談提綱。兩人痛痛快快地暢談了近一天。

汪曾祺在抵達美國愛荷華的第二天，就在給夫人施松卿的信中說："施叔青訪問我很長時間，差不多有八個小時。她要給台灣《聯合報》寫一篇稿，附我一篇小說。我讓她發表〈八千歲〉。施叔青想看看對我的評論。她九月到北京，說要去找你。你找幾篇比較重要的給她看看。" 至於與施叔青喝酒，那汪先生照例是"瞞報" 或"避重就輕" 的。喝酒的事是香港作家彥火（潘耀明）先生透露的：

> 與施叔青對談之餘，汪曾祺還與施叔青等香港文化界人士喝了個痛痛快快。汪曾祺、施叔青、還有古華、彥火等人"買醉於北角燕雲樓，他（汪曾祺）老人家喝足大半瓶大號茅台，仍意猶未盡，後來一干人再拉隊去附近餐廳喝一通啤酒"。他喝了幾大杯啤酒，醉眼昏蒙中，大談他的愛情觀和愛情故事，講得有聲有色，逗得大家都樂了。（見彥火〈自在酒仙老頑童〉、〈汪曾祺與香港〉）

那次"買醉"，汪先生喝了不少酒，那施叔青也是斷然少不了的。據白舒榮透露，施叔青在參加雲南的一個文學活動中，一路上“酒肉喧嘩，還被作家鄧友梅等組織的酒協推舉為主席”，可見酒之海量、人之豪爽！

施叔青真是個快手，她迅速地將這次對談整理成文，並於年底分別在台灣《中國時報》、《聯合報》發表。《中國時報》的題目為〈散文化小說是抒情 —— 與大陸作家汪曾祺對談〉，《聯合報》的題目則是〈散文化小說是抒情詩 —— 訪汪曾祺〉。不久，1988 年第 4 期的《上海文學》也以〈作為抒情詩的散文化小說 —— 與大陸作家對談之四〉為題刊發，所不同的是，略去了施叔青對汪曾祺的簡介，個別地方有刪除和修正。1989 年 2 月，《文壇反思與前瞻 —— 施叔青與大陸作家對話》於香港明窗出版社出版，台灣台北時報文化公司用《對談錄 —— 面對當代大陸文學心靈》為書名推出；兩書均收了她與汪曾祺對談的文章。

施叔青用四個小標題大致囊括了對話的主要內容：

一、中國的各種運動，我是一個全過程。

二、〈受戒〉是寫初戀的感覺。

三、小說的散文化。

四、字裏行間，無字處皆有字。

在文章的開頭，施叔青精當地向讀者介紹了汪曾祺：

北京作家汪曾祺，四十年代開始發表作品，小說之外也寫散文，不喜歡佈局嚴謹的情節，主張信馬由韁，為文無法，接續其師沈從文，令散文化小說在大陸文壇獨樹一幟，影響甚巨。〈受戒〉一篇，曾獲一九八一年全國短篇小說獎。

汪曾祺與施叔青關於文學的這個對談，顧建平先生有一個中肯的評價，他認為："是理解汪曾祺個人經歷、文學履歷及其作品的關鍵鎖鑰"。（顧建平〈散文化小說的作用是滋潤〉）因為其時的港台讀者對汪曾祺及其作品尚缺乏了解和理解，這個對談的發表，顯然是具有津梁意義與文學價值的。

總的說來，汪曾祺對這次對談比較滿意。不過，對施叔青文章中的一些"失誤"以及施叔青某些"聰明"之處，他亦明言直說。汪先生於 1988 年 5 月 6 日致李國濤的信中云：

和施叔青的對話是在香港談的。她拉著我談了六七個小時，有些話我囑她不要發表，結果她還是發表了，港台作家就是這樣，總愛傳播一些內幕。這篇東西發表之前我沒有看過，從美國回來路過香港時才看到。她的記錄有很多地方記錯了，如'和尚進門狗不咬'記成'和尚進門哥不饒'，極可笑。我本想給她校正一次，不想她怎麼又弄到《上海文學》發表了（原文最初發表在台灣《中國時報》，上海《文學報》轉載）。這樣一來，這稿遂有三種版本，我真不想弄得這樣嘩啦嘩啦的亂響！

其實，施叔青誤記的還有一些，筆者粗粗推敲一下就發現了。如“下地”應為“下放”，“唱詞”應為“唱腔”，“把散文、詩寫入小說”應為“把散文、詩融入小說”，“懸疑”應當“懸念”……雖說這些僅僅是一字之差，但意思迥然相異，所以汪老爺子直呼“極可笑”！當然，我們也不難看出，這些一字之誤並非什麼原則性大錯，大都是由於語音問題所致，也有的是施叔青對當時的大陸政治背景了解不夠，亦或施在交付報刊發表時缺乏仔細認真的推敲與校正。

汪曾祺與施叔青對談，增進了他們之間的友誼和信任。

1988 年 7 月，施叔青到北京，將台灣《中國時報》發表的汪先生的小說〈八千歲〉的稿費 330 美元帶給了汪曾祺。

1988 年 7 月 11 日，汪曾祺為施叔青而撰寫的〈《西方人看中國戲劇》讀後〉發表於《文藝報》。

汪曾祺對施叔青的這部著作印象頗佳，評價較高。他說：“施叔青介紹了傳播中國戲曲的幾位名家，其中史考特是‘忠實的移植者’，他導演了《四郎探母》、《蝴蝶夢》。他對《蝴蝶夢》（《大劈棺》的主題解釋，不知是史考特還是施叔青的揣測），我覺得很深刻。《蝴蝶夢》的主題在述說著人在接受試探時，才反映人性的脆弱，以及容易受誘惑的劣根性，想要執著的困難。這是普遍的人性”、“《大劈棺》在大陸事實上已經禁演，但是如果按照這樣的解釋，把它重寫一遍，我以為會是一出好戲。”汪先生還就勢大大地讚揚了施叔青，他認為“施叔青對‘二百五’被點化成人的過程極感興趣，以為其中道理之玄秘，以及‘點化’這一舉動背後所隱藏的宗教哲學，更顯出中國精神的深不可測，我覺得施叔青的理解，真是‘妙不可言’……”

筆者認為，施叔青關於《大劈棺》的論述，對汪曾祺後來改編重寫《大劈棺》是有一定影響與啟發的。

汪先生對施叔青的文筆很是賞識。在文章的末尾，汪曾祺說：施叔青這本書的特點是“把學術性和抒情性結合起來”，“這特點正是目前的學術文章（包括關於戲曲的論文）所缺乏的。”汪先生還拈出施叔青的《台灣歌仔戲初探》點讚——“這是一篇學術論文，而且那樣長（共一百零八頁），但讀起來趣味盎然，絲毫不覺得沉悶，因為文筆極好。施叔青是小說家，她是用寫小說的筆寫學術論文的。”

“在讀後感中，汪曾祺既指出了傳統戲曲的倫理意識、教誨功能不應予以簡單化的批判與拋棄；同時，他更重點強調了中國傳統戲曲必須從中西文化比較的大格局視域中獲知傳統戲曲的缺失。識者認為，汪先生這篇具有反思性的感慨之文，於當時中國的戲曲革新潮流是一種調撥之音，於今日的戲曲研究亦可視為幾句點醒之語。”上海戲劇學院現代戲曲研究所主編的《現代戲曲研究》，於 2022 年 2 月轉載了汪曾祺的〈《西方人看中國戲劇》讀後〉，責編程姣姣在導語上的這幾句話，我認為是十分中肯、非常及時的。

> 《西方人看中國戲劇》是施叔青對中國戲劇的研究成果，1976 年由台灣台北聯經出版公司出版。此文運用現代觀念探討戲劇結構、主題及人物的性格心理，其獨到見解得到了當時戲劇界的普遍讚許，正如白先勇先生所說：施叔青“有一種特有的感性及異乎尋常的視野”。

在汪曾祺的〈《西方人看中國戲劇》讀後〉中，我們可以明顯地看出，汪先生在不少地方借題發揮闡發他對中國戲劇的深度思索。早在上世紀五十年代，汪先生就有了中國戲劇必須改革的觀念，而且也有了改寫傳統劇目的想法及作品。如他創作於 1954 年的《范進中舉》，在最後一場就運用了一點心理分析。他在〈我是怎樣和戲曲結緣的〉則明言：“我想把現代思想和某些現代派的表現手法引到京劇裏來。我認為中國的戲曲本來就和西方的現代派有某些相通之處……我想把傳統和革新統一起來，或者照現在流行的話說，在傳統與革新之間保持一種張力。”

在〈京劇杞言 —— 兼論荒誕喜劇《歌代嘯》〉一文中，汪曾祺還不指名地說到了施叔青。他在論及京劇衰落時說，“戲曲藝術教育的不普及，不深入，是戲曲沒落的一個原因。台灣的情況似乎比我們稍好一些。我所認識的一位教現代文學也教戲曲史的教授是帶著學生看戲的。”（刊《中國京劇》1992 年第 2 期）汪曾祺所說的教授，即施叔青也。

施叔青與汪曾祺在對中國戲曲看法上有較多的共同語言與相通之處。施叔青對汪先生的這篇讀後感十分在意，1988 年人民文學出版社出版的《西方人看中國戲劇》，即增發了汪先生的這篇讀後感。

在 1987 年汪曾祺與施叔青的對談中，小說是他們對談的核心，最後的話題也從小說轉入了戲劇。他們兩位都寫過劇本，也都搞過戲劇研究，在此次對談中彼此均未就戲劇伸展、深入地交流，對話不多，戛然驟止，似乎都有點言猶未盡之意，以至我覺得汪先生的讀後感有的地方像是那次對談戲劇的擴展與補充的意味。

施叔青在北京有沒有到過汪曾祺家，我未見有人提及，倒是汪夫人施松卿與我說過一個趣話。印象上是上世紀九十年代初，有一次在汪老家閒聊，我說：“汪老現在知名度可高啦！”汪夫人笑著說：“他知名度高，我可是太不高啦！”我問怎麼回事？

汪老也笑了，說：“你問她！”汪夫人說：“一次有個什麼記者找老汪，我接電話，他問我是誰，我說了。不料，那個小夥子十分驚訝，啊？！您是台灣的施叔青嗎？”施松卿與施叔青在語音上真是太相似了，所以那位記者才會誤會哦。由此我想到，施叔青在“對談”中緣於語音上的某些失誤，那也是情有可原的吧。

文字因緣

——與舒非

文字因緣，這是舒非散文集《生命樂章》第一輯的標題，這本書由浙江文藝出版社 2000 年出版。《生命樂章》中有舒非寫汪曾祺的兩篇文章：〈汪曾祺側寫〉（以下簡稱〈側寫〉）、〈我家的月亮特別大 —— 在汪曾祺家裏做客〉（以下簡稱〈做客〉）。這兩篇文章汪先生都看過，他在 1993 年 1 月 9 日給舒非的信中坦率地說："我對別人寫我的文章不太重視。一個人被人'寫'了，我總覺得有點不好意思。在寫我的文章中，到現在為止，我認為你的〈側寫〉是最好的一篇。" 他還告訴舒非，〈側寫〉已被收入《中國當代作家面面觀》這本書中。汪先生還直言：你上篇寫我，是"側寫"，這篇是"掠影"，寫法不同。比較起來，前一篇可能給人印象更深一些。

〈側寫〉於 1988 年 5 月 4 日在《文藝報》發表後，廣大讀者競相傳閱，備加讚譽，文中的一些精彩章節被“汪迷”們所熟知、熱捧和引用。汪先生去世十週年之際，山東畫報出版社出版的紀念文集《你好 汪曾祺》收入了此文。天津人民出版社 2020 年初出版的《百年曾祺》，主編梁由之先生把〈側寫〉列於該書的第一篇。舒非對這兩文也當比較滿意，在她的散文集《生命樂章》中，兩文位於第一輯“文字因緣”的第一、二篇。第一輯裏有寫楊絳、黃苗子、郁風、施叔青、于梨華、張錯、蘇童等人的散文，但相較而言，似都不及〈側寫〉這兩篇有韻味，也沒有〈側寫〉〈做客〉這兩篇的反響大。

舒非這兩篇散文寫得如此動人，源於她對汪曾祺先生作品與人品的了解和理解，也源於她感情、感覺之細緻及文筆之精當。舒非雖與汪先生相見較晚，卻是一見如故。1987 年 8 月底，汪曾祺應安格爾、聶華苓夫婦邀請參加美國愛荷華國際寫作計劃活動，途經香港住在三聯書店的招待所。在舒非陪他的幾天裏，他們談得很投緣，聊到了不少文化、文學上的人和事。在〈側寫〉中，舒非記下了不少汪先生的精闢言論和趣聞軼事，最引人感興趣的是一次酒飯之餘，汪先生興致勃勃地談起了他的愛情故事。

“〈受戒〉篇末註明‘寫四十三年前的一個夢’，這個夢，其實是汪老自己的初戀故事。這是汪老本人對此夢的最早‘解密’

和‘確認’。”

1994 年，汪曾祺與舒非有一次愉快的合作。應香港三聯書店之請，汪老為三聯選編了《中學生文學精讀：沈從文》一書，沈從文是汪曾祺的恩師，汪先生自然樂而為之。考慮到中學生這個讀者群體，汪老於沈從文先生的大量作品中精選了具有代表性的小說〈邊城〉〈牛〉〈丈夫〉和〈貴生〉，同時寫了前言、題解、註釋和賞析。在《汪曾祺全集》中，有汪先生關於撰寫此書給舒非的三封信。2017 年，香港三聯書店再版了此書的修訂本，作為責編的舒非亦付出了心血，功不可沒。

汪曾祺與舒非文字結因緣，相看兩不厭。汪曾祺固然是一位文學大家，可親可愛的老頭兒；但舒非也不是等閒之輩，她可謂香港文壇上的佼佼者，是一位有情有義的才女。舒非不僅是優秀的編輯，也是詩人、散文家。她的詩集《蠶癡》收有六十多首詩，其中有的詩句被譽為愛情金句而被評論家所讚歎，當然，更贏得年輕人之激賞。

2021 年下半年，我為了編輯《女作家筆下的汪曾祺》，經徐強教授聯繫，與舒非互加了微信。舒非不但爽快地授權同意我轉載〈側寫〉，發送給我〈做客〉的電子版和汪老 1993 年 1 月 9 日給她一信手跡的複印件，特別令我感動的是〈做客〉文後的一個補記：

那年在汪老家過中秋，在開心愉悅的聊天過程中，突然講到了一個沉重的話題，那就是當汪太太問我子女的情況之時，我如實告知我兒子的病情，大家都沉默了。那一刻我看到汪老的眼神，直到今天我還清清楚楚記得那個眼神——很憂傷很無奈的眼神。所有的同情、關切、心疼、遺憾，全寫在那雙聰穎睿智的眼睛裏，我望著如此凝重的眼神，心中悸動，讓當代最優秀的作家為我擔憂，我何德何能啊！我被深深打動，鼻子一酸，差點滾下熱淚……

有這樣以心會心的文字因緣，是現代文壇上的一段佳話，是汪老之幸，舒非之幸，也是讀者之幸。

舒非說，我先是被汪先生作品的魅力深深吸引，真的是由衷喜愛。它完全符合我多少年來對文學的一切期望，文字又那麼淡然且韻味無窮。接著有幸跟他接觸，發現他的品格性情為人跟他的作品一樣美。汪老的作品是當代中國文學的一顆明珠，我相信隨著時間的流逝，將被更多讀者發現，我肯定他們會因驚喜而更為酷愛。

1992 年中秋，舒非在"月亮特別大"的汪老家過了一個愉快的中國傳統佳節，這可能是汪老出名之後，第一個、也是唯一的一個"外人"在他府上過中秋節。那天，汪老送了她一幅墨荷的畫，還鈐上一方印：嶺上多白雲。

一晃快二十年了，我請舒非給《女作家筆下的汪曾祺》寫幾句話，她只寫了一句：

汪曾祺先生的作品將永遠滋養萬千讀者的心靈。

上野櫻花別樣情

——與黑孩

黑孩是汪曾祺先生喜歡和關愛的一位年輕女作家。

黑孩是值得汪老喜歡和關愛的。

黑孩文學創作的起點較高，出手不凡。1987 年，她的處女作短篇小說〈醉寨〉即在《作家》發表，並得到了文學評論家程德培的激賞。不久，在《萌芽》、《鐘山》等有影響的刊物上陸續發表了幾個中短篇小說和一些散文，並於 1989 年出版了第一本小說集《父親和他的情人》。還必須指出的是，在 1991 年前，她就翻譯出版了《禪風禪韻》、《死亡的流行色》、《櫻花號方舟》、《日本新感覺派作品選》等日本文學與佛學著作。還應該強調的是，她還是一位稱職的、別具慧眼的編輯。且摘抄王幹一文的片斷與諸君分享吧：

1986 年 10 月，參加“新時期文學十年研討會”期間，我在《青年文學》編輯部與黑孩有一個短暫的見面。她擔任過我的小說〈退稿：第 99 次〉的責編，1982 年，我寫過三篇自以為最先鋒的短篇小說，三年間，到處投稿遭退，屢投屢退，屢退屢投。1985 年受到結構現實主義的啟發，我把我寫的三篇小說嵌在小說中，寫這三篇小說退稿的經歷。沒想到黑孩在自由來稿中發現了它，並送審發表了。我利用開會的機會去編輯部感謝這位耿仁秋（黑孩的本名）老師，一看到“耿仁秋”如此老成的名字居然是一位小姑娘，很意外，也有點失落。（見王幹〈內搏與卷內〉，刊 2020 年第一期《湘江文藝》）

王幹見到黑孩那年，黑孩才 23 歲。

汪先生為黑孩的散文集《夕陽正在西逝》寫過序。

汪先生的序很特別，這在他為別人所寫的序中可謂絕無僅有，意趣悠然。此序題作〈正索解人不得〉，說明了他對黑孩散文集的“求解”與“未解”。七千字左右的序文中竟然用了十一處“？”，這些“？”或許也是值得我們體味再三、索解一番的。比如：在評及〈醉寨〉時，汪先生云：

這是不是寓言？這有什麼象徵意義？

是，也不是。有，也沒有。

這到底寫的是什麼？

這寫的是母愛。

又如：“〈一日憂傷〉是‘戀父情結’？我看最好不要這樣說。”比如：“說黑孩的作品裏有一種‘無可奈何’之感，有這樣嚴重麼？我看的黑孩的作品不多，暫時還不能同意這樣的論斷”。再如：“黑孩到我家來這兩次，每次談了大概有兩個鐘頭。我們的談話不‘成功’，有些格格不入。”

這是什麼原因？

是我們年齡懸殊太大了？我的心已經像弗吉尼亞·沃爾芙所說的那樣，充滿纖維了？

是我們對生活的態度不同？我是個樂觀主義者，相信中國是會好起來的，人類是有希望的，而黑孩是“小小年紀卻生出那麼多悲觀”，而且愛流淚？

是我們的思維方式距離很大，甚至習慣用的句式詞彙都不同？

看來也都不是。只因為我們還不熟，相互之間缺乏理解。

這一段引文雖較長，但汪老在此真誠而率直地告訴黑孩、也告訴我們——“索解不得”，“只因為我們還不熟，相互之間缺乏理解”。

從汪老的序中，我們不難看出：在著手寫序之際，汪老至少還瀏覽了一些相關黑孩的評論文章，序中他對某些說法打問號即是明證。

汪先生為寫黑孩這個序是下了功夫的。序寫就於 1991 年 1 月 11 日。1990 年 12 月 21 日下午，衛建民就散文採訪了汪先生，他告訴衛建民“我最近要給黑孩的作品寫序”；可見，至少在二十天之前，他就已經開始琢磨對黑孩散文的“索解”了。

序的結尾似乎與評論散文無甚關係，但卻意蘊深長。

“蕭紅有一次問魯迅：你對我們的愛是父性的還是母性的？魯迅沉思了一下，說：是母性的。魯迅的話很叫我感動。我們現在沒有魯迅。再過兩三個月，黑孩就要到日本去。接觸一下另一種文化，換一個生活環境，是有益的。黑孩，一路平安！”

對此，我很贊同李木生的觀點，李先生說，“從他喜歡、理解、體貼、尊重、學習青年的言行裏，我感到已經久違的魯迅式的母愛。”（李木生〈世紀絕唱——汪曾祺〉）

黑孩一直銘記著汪先生對她的關愛。在她的文章中、在她接受記者的採訪中、以至在她的小說中，多次說到汪老，平淡的語氣裏蘊藉著深深的懷念與感恩。

黑孩說："我跟汪曾祺以及他的夫人相處很好，經常去他家裏玩，還會帶一些朋友跟他要字畫。為我的散文集寫的序《正索解人不得》，就是我親自上門拜求的。"（黑孩〈所有的過去，所有過去的〉）

"在去日本留學的事情上，我記得我非常猶豫。先是跟汪曾祺商量，他用魯迅、徐志摩以及冰心等人為例，說很多作家都是因為留過學，所以視野更開闊，寫的作品也更好。"

"汪老的一句'紙窗木壁平安否'，其間的疑慮包容了多少小心、多少珍重。我的心中有了一種巨大的復蘇之情。"

"來日本前的那年 2 月，汪曾祺老師為我送行時寄來兩首詩，其中兩句是：紙窗木壁平安否，寄我橋邊上野花。"（〈櫻花雪〉）"其實，櫻花我早在兒時便已經知道了，但上野的櫻花，我卻是從汪老師的詩中得知的。上野與櫻花，自汪老師詩開始，便以一種相連的印象留在我心中。

"我經常領一些稱汪曾祺為汪老的朋友到汪曾祺家裏去。我的朋友都是一批年輕人，有寫小說的，有畫畫的。"（〈惠比壽花園廣場〉）

作家黃燎原在一篇文章中曾提起黑孩在汪先生家的一個"短視頻"：黑孩平時是一個"善侃者"，那天我陪她去汪曾祺家，取汪老替她一本散文集寫的序。她畢恭畢敬，雙腿合攏，一個多小時總共沒說幾句話，汪老笑了："你是不是一個很靦腆的姑娘？"（見〈老不糊塗汪曾祺〉）

2022 年，黑孩在安徽文藝出版了散文集《故鄉在路上》，書中刊發了她與汪曾祺先生的合影，還有汪先生〈送黑孩東渡〉一詩的墨跡。

汪老前後給黑孩畫過兩幅畫，寫過兩幅字，這在女作家中是少見的，或許還是唯一的。

黑孩文中所說的"紙窗木壁平安否"，是汪老為黑孩畫的《紫藤》中所題七絕中的一句，全詩為：

開到紫藤春去遠，黑孩猶自在天涯。
紙窗木壁平安否，寄我橋邊上野花。

詩後署：黑孩留念　曾祺

此幅紫藤茂密絢麗，充盈著勃勃生機，蘊涵著汪老對黑孩的寄託和祝福。畫未註時日，當在黑孩赴日之前所贈也。

汪老還給黑孩畫過一幅《荷花》，幾朵荷花有的含苞欲放，有的正當盛開，一股清雅高潔之氣撲面而來。上款是四言祝福語——黑孩多福。落款曰：一九九六年六月 汪曾祺

1991 年，汪老又書一立軸、一橫幅以慰黑孩。立軸為詩，仍

是七絕：

> 燕市長歌酒未消，拂衣已渡海東潮。
>
> 何時亦有思歸意，春雨樓頭尺八簫。

詩後書：送黑孩東渡 一九九一年冬 汪曾祺

其橫幅以隸體大書四個字——一路平安

落款為：送黑孩遠行 汪曾祺 辛未

辛未者，即公元一九九一年耳。

黑孩沒有辜負汪老的期望，正如汪老所期望的那樣："視野更開闊，寫的作品也更好。" 到日本後，她陸續創作了多部文學作品，雖然曾因生計一度中斷，但再度燃起創作火焰時，則如櫻花般絢燦爛漫。小說《秋下一心愁》、《惜別》、《兩岸三地》、《櫻花情人》、《惠比壽花園廣場》、《貝爾蒙特公園》、《一江春水》、《太陽太遠》、《萬有引力》及散文集《雨季》等。她還上了日本《每月新聞》人物專欄，據說她是上這個欄目的第一個外國人。赴日後黑孩的作品不少是在中國大陸刊發的，熟悉黑孩的崔道怡先生說，黑孩"把新著長篇小說拿回國內出版，可以說是，二十年後她捧來上野橋邊的'櫻花'，敬獻於汪老靈前。"（崔道怡〈上野櫻花別樣情〉）我以為，崔先生的話是對的。

2024 年 9 月，黑孩在《世界博覽》第 17 期刊發了題為〈星離去〉懷念汪老的文章。文章透露了她把書名定為《夕陽又在西逝》的緣由。在她赴日前夕，汪老為她的書挑選了一張照片作為封面，“照片是在北京王府井拍的，我穿了一件長到腳脖子的紫色風衣，沐浴在夕陽下，皺著眉頭，神情憂鬱……因為這張照片，我把書名定為《夕陽又在西逝》”。文章還寫到了她從日本歸國探親時去看望汪老夫婦的一個細節，那時，汪老剛搬進新宅不久，汪師母在病牀上拉著黑孩的手，一個勁地說：“黑孩你沒有變化，你要常回國，常到家裏來玩，曾祺常唸叨你。”這個家，是汪老的家，也是黑孩的家。得知汪老不幸病逝的信息，黑孩在文章末尾寫了這麼一句話：

我覺得好像是一顆星從天際滑落下來。星離去了。

行文至此，我又想重複汪先生的一段話——

蕭紅有一次問魯迅：你對我們的愛是父性的還是母性的。魯迅沉思了一下，說：是母性的。

魯迅的話很叫我感動。

我們現在沒有魯迅。

這段話寫於 1991 年 1 月，刊載於他為黑孩散文集《夕陽正在西逝》而寫的序〈正索解人不得〉一文中。

我們現在還有魯迅嗎？還有汪曾祺嗎？

中國文壇應當有魯迅、汪曾祺的，也會再有魯迅、汪曾祺的。

文中半是家鄉水

—— 與法國漢學家居里安

汪曾祺與居里安是在美國相識的。汪曾祺 1987 年 9 月應安格爾、聶華苓之邀，參加愛荷華“國際寫作計劃”活動，居里安得知這一信息，趕到波士頓與汪曾祺見了面，並進行了交談。這是他們的第一次見面，彼此都留下了美好的印象。汪曾祺在給夫人施松卿的信中高興地“彙報”了這件事。他寫道：

在波士頓遇到法國的一位 Annin 女士。此人即從法國由朱德熙的一位親戚介紹，翻譯我小說的人。她（和她的丈夫）本已購好到另一地方（我記不往外國地名）的飛機票，聽說我來波士頓，特別延遲了行期。Annin 會說中文，甚能達意。她很欣賞〈受戒〉、〈晚飯花〉，很想翻譯。我說〈受

> 戒〉很難翻，她說“可以翻”。她想把〈受戒〉、〈晚飯花〉及另一組小說（好像是《小說三篇》）作為一本。我說太薄了。她說“可以”。法國小說都不太厚。Annin 很可愛。一個外國人能欣賞我的作品，說“很美”，我很感謝她。她為我推遲了行期，可惜我們只談了半個鐘點還不到。Annin 很漂亮。我說我們不在法國，不在中國相見，而在美國相見，真是“有緣”。

這位居里安是一位著名的漢學家，法國國家科研中心近現代中國研究所研究員，對中國當代文學尤為關注。她翻譯過陸文夫、韓少功、李銳的小說，評價過蘇童、余華的作品，與張煒、史鐵生、何士光、潘年英等作家亦有交誼；但她最喜歡的作家是汪曾祺。

有一年 11 月 20 日下午，在一艘長江遊輪上，她接受了騰訊文化記者的採訪。面對記者的提問，她侃侃而談，直言相告。

居里安告訴記者，她第一個翻譯的中國作家就是汪曾祺。她說：“我特別喜歡他小說中的文化氛圍。他描寫 1980 年代的眼光，使用了 1940 年代的民間文化資料，給我很多啟發。”“我非常喜歡他的審美態度。他恢復了一些傳統，讓 1980 年代的讀者發現幾十年前中國社會、文化的豐富性。”“他的語言樸實、深刻、很簡潔、很美，讓人感動。”面對長江風光，居里安讚歎地說：“汪曾祺也畫畫。今天我坐在船上，真的感覺是在看一幅打開的中國卷軸山水畫。汪曾祺的文學也像畫一樣，即視性很強。他擅長寫短篇，在很短的篇幅中虛實結合。法國的一些知識分子很喜歡他。”

她在論及汪曾祺的作品時深刻地指出：汪曾祺“最早嘗試文學語言的非權力化，最早致力於文化的而不是政治的命題”。這兩個“最早”，別具慧眼，頗見卓識，可謂是“最早”闡發了汪曾祺小說的時代特質和歷史價值。這兩“最早”，正是汪曾祺對新時期小說創作的重大貢獻。為此，文學評論界普遍認為，居里安是對汪曾祺理解最深的漢學家。

汪曾祺對在美國與居里安的“有緣”印象甚深，他曾在 1988 年寫的〈自報家門〉和 1991 年寫的〈我的家鄉〉中都提到了那次見面，並反覆提到居里安對他作品中“充滿了水的感覺”的評論的讚許。

汪曾祺說：法國安妮・居里安女士打算翻譯我的小說。她談了對我的小說的印象，談得很聰明。有一點是別的評論家沒有提過，我自己從來沒有意識到的。她說我很多小說裏都有水，〈大淖記事〉是這樣。〈受戒〉寫水雖不多，但充滿了水的感覺。我想了想，真是這樣。（〈自報家門〉）

在〈我的家鄉〉中，汪曾祺在文中一開頭就從居里安說起，他再三說起居里安關於“水意”的論述，這殊為少見。正如他的公子汪朗所言，“爸爸對於評論他的文章，一向都不是很在意，認為能夠搔到癢處的不多。知道有寫他的文章，他也會拿過來翻翻，一般看完就拉倒，好話壞話都不太往心裏去，除非真能說出點道道來。”居里安對他小說的品評，顯然是說出“道道”了。

汪曾祺與居里安在美國第一次見面後，還有過幾次接觸。1988 年 9 月，《北京文學》在北京海運倉召開了“汪曾祺作品研討會”，居里安也應邀出席了研討會。她撰寫的〈筆下浸透了詩意——沈從文的《邊城》和汪曾祺的《大淖記事》〉，被收入了《汪曾祺作品研討會專輯》。

1989 年 1 月，居里安翻譯的法文版《歲寒三友》出版，該書收入了汪曾祺的三篇小說：〈受戒〉、〈大淖記事〉和〈歲寒三友〉。居里安給汪曾祺寄了樣書。1994 年 6 月，汪曾祺與居里安進行了座談，參加座談的還有李鋭。1996 年 7 月，居里安致信汪曾祺，並給汪先生寄去了“出版授權書”，希望汪老同意在法國出版他的小說集。同時，向汪老簡要說明了此書為何拖至兩年未能發表的原因。此信的譯本原件放大後，被置放於高郵汪曾祺紀念館中，引起了廣大觀眾、尤其是大中學生們的好奇與關注。

據汪曾祺妹婿金家渝說，汪先生告訴過他，居里安曾提議在高郵湖畔建一個像美國愛荷華國際寫作中心那樣的場所，就以汪曾祺命名，每年邀請一些作家住在這裏，進行寫作、交流；她來出資（聶華苓也向汪老說過），但汪老都拒絕了。

1994 年 6 月 14 日，汪先生應邀到江蘇省戲劇學校講學，我拿了剛出版不久的《汪曾祺文集》（陸建華主編，江蘇文藝出版社 1993 年 9 月版）請他題詞，也許是又想起了高郵、想起了居里安，他略一沉吟，提筆在小說卷的扉頁上寫了七個字：

文中半是家鄉水。

因揚州曲藝結下的文學緣

——與丹麥漢學家易德波

上世紀八十年代中期，汪曾祺曾與丹麥的女漢學家易德波有過交往，為中外文化交流作出了積極的貢獻。

易德波，原名易伯克・卡爾達娜，易德波是她的中文名。她1945年出生於丹麥的利波市，在法國巴黎大學讀書時即攻讀中國文學，並撰寫了學術論文〈揚州語言音樂和古代隋唐廣韻的比較〉。1980年、1984年曾先後來華了解和研究中國文學。1986年11月3日至6日，她與汪曾祺都參加了在上海金山賓館舉行的"中國當代文學國際討論會"。討論會期間，易德波認識了汪曾祺，並與汪曾祺就揚州評話的問題進行了交談。為支持幫助易德波的學術研究，汪曾祺向易德波介紹了陳午樓和陳汝衡。

陳午樓是汪曾祺的老朋友。當年汪曾祺在《說說唱唱》編輯部負責日常工作，用鄧友梅的話說“是老舍、趙樹理的大管家”；也正如黃永玉所言，汪曾祺“編他的《說說唱唱》很得喝彩。”他與民間文學工作者和愛好者有廣泛的聯繫，陳午樓就是其中之一。陳午樓與揚州曲藝藝人頗有交誼，掌握豐富的第一手資料，對揚州評話的研究較為深入，所以汪曾祺向易德波介紹了陳午樓。上海的討論會結束後不久，易德波便專程去了揚州，並在揚州停留了一個星期，不知什麼原故，她沒有見到陳午樓。1989年，她第二次赴揚，這次在古城一住就是三個月，在此期間，她與陳午樓見了面，還在陳午樓的陪同幫助下，走訪了十多位揚州曲藝藝人，大街小巷留下了他們無數次騎自行車的身影。此後的三十多年裏，易德波竟然到揚州達十七、八次之多，其間還到訪過汪曾祺的家鄉高郵。

在陳午樓等揚州文化學者和曲藝藝人的幫助支持下，易德波陸續編著出版了《永遠的說書人：現代中國說唱文學》（與陳午樓合作，書名又作《中國說唱與陳汝衡》）、《揚州的生活方式和娛樂活動》、《揚州評話探索》等多部著作，被學術界認為是有史以來西方學者對揚州曲藝和口頭文化做出的最深入的研究成果。不僅如此，她還持續四次邀請揚州評話藝人去西方演出，為在世界藝壇傳播弘揚揚州曲藝做出了傑出的貢獻。

易德波沒有忘記汪曾祺、陳午樓及揚州曲藝藝人給予她的扶助，她在《揚州評話探討》的“前言”中有兩段話，由衷地表達了她的感恩之心和緬懷之情。她說：

> 某一次的巧遇對我來說是特別重要。早在 1986 年，作家汪曾祺先生在上海舉行的一次座談會上，對我提到了揚州陳午樓教授的名字（而與陳教授的見面，卻是三年之後的事）。
>
> 在揚州藝人的環境裏，我得到的友情和支援是我從來都不能想像的。把畢生精力獻給揚州評話研究的陳午樓先生，毫無保留地用其所知來支援我的研究，並且像對待女兒一樣幫助我。

汪曾祺還向易德波介紹了陳汝衡。陳汝衡其時為上海戲劇學院教授，是著名的曲藝理論家，所撰之〈說書史話〉、〈宋代說書史〉、〈陳汝衡曲藝文選〉等，為曲藝界的重要著作。易德波與陳汝衡當有所接觸，但時間不長，因陳教授 1989 年就去世了。陳午樓與陳汝衡既是同鄉，又有同好，交流較多，交誼頗深。易德波與陳午樓合作所寫的《中國說唱和陳汝衡》一書，不僅具有學術性，還帶有一定的紀念性。

在人民文學出版社出版的《汪曾祺全集》中，有汪曾祺於 1990 年 3 月 19 日給陳午樓的一封信，信中說：“我 86 年在中國現代文學國際討論會上見到易德波女士，她向我詢問有關揚州評話的一些問題。我覺得一個挪威人（應為丹麥人 ——作者註）有意研究揚州的評話，很有意思，就向她介紹了陳汝老和你。想不到她後來當真跑到揚州找到了你。洋人治學，大都很有鑽勁。不過外國人談中國事終是隔了一層，她能否寫出比較有分量的文字，我有些存疑。”

現在看來，“很有鑽勁”是說準了，至於“有些存疑”，若汪先生地下有知，可回眸一笑，完全消除矣！

現在有必要補說一下杜海。在著手寫這篇短文前，我特地與杜海通了電話。因為，汪曾祺寫給陳午樓的那封信的原件，是陳午樓委託杜海轉交捐贈給高郵汪曾祺紀念館的。

杜海是我的老朋友，曾任揚州市作家協會主席。任職期間，曾多次接待過易德波，還陪她採訪過不少揚州藝人。易德波與杜海閒談時曾說到過汪曾祺，易德波說她在認識汪曾祺之前，就看過汪先生參與編輯的《說說唱唱》。在上海是第一次見面，她對汪先生印象很深，說他喜歡瞇起眼睛看人，笑嘻嘻的，是一位和善可親的老人。

說到陳午樓，杜海話更多了。陳午樓在揚州職大任教時，杜海是他的學生。陳老師很喜歡這位尊師長、重情義、又喜好揚州曲藝與文學創作的年輕學子，他們持續了幾十年的師生之誼。所以，陳午樓才在病危之際，把捐贈汪曾祺信一事鄭重地囑託給杜海去了此心願。杜海聽陳午樓說過，他與汪曾祺是老朋友，汪曾祺編《說說唱唱》、《民間文學》時，就與其有聯繫，還向他約過稿子、通過信，交流商討過有關揚州方言、揚州曲藝方面的學術問題。陳午樓很尊重汪先生，與杜海閒聊時若提起汪曾祺，總是那麼真切，那麼親近。

易德波也與韋明鏵幾次談及汪曾祺。韋明鏵是知名的揚州文化學者，對揚州文史研究甚深、著述頗豐，被譽為揚州文化的守望者。他對易德波的揚州曲藝研究多有支持，易德波請教相關問題或求助相關資料，韋明鏵總是盡其所能，易德波很是感動，以至在廣陵書社所出版的《說書：揚州評話的口傳藝術》後記中，她也要標明：韋明鏵“為本書策劃提供了不可或缺的思路”。易德波曾告訴韋明鏵，她見過汪先生，對汪曾祺的作品有興趣，對高郵也有興趣。他們在談及高郵到揚州的運河小輪船上賣唱的揚州曲藝藝人時，韋明鏵告訴易德波，汪曾祺小說《露水》寫的就是舊時小輪船上唱揚州清曲的藝人在船上的賣唱生涯。易德波還問過韋明鏵，汪曾祺有沒有寫過評話；韋明鏵說沒有正面寫過，但在小說《皮鳳山楦房子》中，一開頭就寫了一大段揚州評話《清風閘》中的皮五辣子皮鳳山。韋明鏵還陪同易德波到高郵去採訪揚州評話名家康重華，他們在汪先生的家鄉轉了轉，走到古城南門老街時，韋明鏵指著路旁的一幢兩層小樓調侃說：“武松殺西門慶的獅子樓就是這樣。”易德波會意地笑了。易德波對揚州評話的癡情，達到非常的程度。她到揚州來過很多次，韋明鏵親眼看到她從一個金髮女郎變成了亞麻頭髮的駝背老太。

在易德波的“前言”中，她還提到了李榮。她說，“早在做此項目的初期，我就訪問了中國社會科學院的李榮教授，並與他進行過討論，他給了我極大的鼓勵並向我推薦了一些揚州方言學方面罕見的書籍”。這位李教授，是汪曾祺在西南聯大的同學、摯友；李榮、朱德熙和汪曾祺三人是知心知音的“鐵哥們”。李榮是著名的語言學家，在漢語音韻學、語法學、方言學等研究方面有優異成果和極大貢獻。易德波雖未提及訪問李榮為汪曾祺所介紹，但我揣度極有可能是汪先生之書面引薦或口頭提及；因為，汪曾祺不但熟知李榮其人其學，且他又是一位樂於助人的“老頭兒”，目前雖尚無證據，但亦非我憑空臆想，且留此存照，以備待考耳！

汪曾祺與四位女編導

汪曾祺小說引起文壇的轟動後，曾陸續有一些影視工作者要將他的小說改編拍攝成電影或電視劇；也有編導者慕名前來要求他改編自己的小說或將別人的小說改編成影視作品；這些影視工作者中有三位女編導先後與汪曾祺先生有過聯繫、溝通與合作，她們是王好為、林汝為與吳瓊。

王好為當時是北京電影製片廠的導演，人們所熟知的影視作品有《海霞》、《潛網》、《哦，香雪》、《瞧這一家子》等。為了紀念抗日戰爭勝利五十年，她想把孫犁的小說《荷花淀》改編成電影搬上銀幕。她曾先後找過幾位作家予以改編，均不理想；然後，她便找到了汪曾祺。

王好為在接受楊遠嬰（《北京電影學院學報》副主編）採訪時較為詳細地敘述了她找汪曾祺改編《荷花淀》的過程：

王（王好為，下同）：我們請了幾個編劇寫這個東西，都不是那個味道，那種散文化的詩意出不來。

楊（楊遠嬰，下同）：看來這是你最心儀的格調。

王：我一直想弄這個，最後我就想到了汪曾祺先生。我也不認識人家，愣到他家去，自報姓名，請汪先生幫我改編《荷花淀》。他說他沒有寫過電影，我說你看過電影啊，他說他是南方人，我說這語言本來就不多，問題不大。談的還比較投機，送別他送了我本書，我覺得有點譜了，他說那我還得看看。我就趕快把孫犁的短篇給他送過去……改編期間，他生病，就常常電話聯繫，問我有什麼想法。這時水華老師讓我把孫犁的短篇、中篇、長篇全找來。他都看了一遍，他治學特嚴謹，我弄一個孫犁的短篇，結果他把中篇、長篇都看了……劇本完成後，我第一個就交給水華老師看，他看完當夜就給我打電話，他說“太好了，太好了”，“你拍出來是詩！是散文！是電影！”（刊 2013 年第 6 期《當代電影》，楊遠嬰〈堅守與淡定 —— 王好為導演訪談錄〉）

而為了儘量改編好《荷花淀》，汪先生真可謂是竭盡全力了，甚至是“傷了元氣”（汪朗語）。在《歲月留痕》中，汪朗心懷痛惜地記述了當時的一些鮮為人知的“內情”：

“那個時候爸爸剛從醫院出來，身體和精神狀況都很不好，飯吃的很少，筆也懶得拿，就連酒也喝不動了。整天就是枯坐在沙發中，兩眼發直，不說不笑，這在過去是從來沒有的。讓他再搞這樣一個大傢伙實在是力不從心。無奈王好為很會做工作，一再說他們想搞一個與眾不同的戰爭題材的電影，要抒情一些，要美一些。孫犁的小說很切合他們的設想。而孫犁的作品只有爸爸改編才能不失其韻味。讓她這麼一談，好像爸爸不動筆，就無法把孫犁的精品搬上銀幕了。這個責任非同小可。於是爸爸只好打起精神，勉為其難了……看到他整日冥思苦想，茶飯不香的樣子，我們都勸他不要寫了，年紀那麼大身體又不好，沒本錢玩命了。爸爸也幾次都說過洗手不幹，但是礙於情面，最後還是咬牙把劇本寫成了。”

安徽作家李群與汪曾祺的對話中，也曾談到了《荷花淀》改編的事：汪老說改孫犁的《荷花淀》是不得已而為之。

> 汪老聽我提起《荷花淀》，他微微一笑：“觸電不容易。王好為為把〈荷花淀〉搬上銀幕，先後找了五個人，據說改得不理想。鐵凝說我是最佳人選，她就找到我，為此我花了兩個月時間。散文化的敘述語言改成視覺藝術，又把戰爭完全推到背景上去，確實很難。不過還好，改後王好為很滿

意。（見2017年4月18日李群博客〈那水那花那人〉）

鐵凝對汪曾祺作品十分推崇，而且，汪曾祺也給她的小說予以佳評。1987年和1989年，鐵凝還與王好為合作過電影《村路帶我回家》和《哦，香雪》。鐵凝向王好為說汪曾祺是最佳人選，此話可謂"精準"矣。當然，是鐵凝推薦了汪曾祺，還是王好為自己想到了汪曾祺？反正是汪曾祺完成了《荷花淀》電影劇本的改編。

有一天，作家施曉宇和朋友去汪府拜訪曾祺先生，不料門一開，汪先生一臉不高興。後來，他和小施他們說了原由：一是他壓根兒就忘記了昨天答應過我們的預約；二是幾天裏一直在為改編孫犁的作品苦惱……他從來沒有打過仗，更沒有到過冀東的水鄉。自從答應接下改編的任務後，自己就有點後悔。"我把自己像產婆一樣關在房子裏已經一個星期了，今天剛剛有了一點頭緒，你們就來敲門了"。

那天，汪先生還興致勃勃地向小施他們講了他設計的電影開頭——

一支荷花的特寫，定格。然後推出一片荷花。繼而從銀幕的一角有一個皮膚黧黑、鷺鷥一般精瘦的老頭手持竹篙划船而出，慢慢穿過荷花淀。一輪血樣的殘陽斜掛西天。這時，畫外音傳來隆隆槍炮聲，正面不出現日本鬼子的身影，但營造的氛圍足以讓觀眾感覺到敵人正在逼近。畫面切換，炮火連天中，滿地殘荷敗葉，鷺鷥一般精瘦的老頭手搭陽棚眺望遠方，嘴裏罵道：狗日的來了！（施曉宇〈布衣作家——汪曾祺〉）

1995 年，第 4 期《電影創作》發表了王好為寫的一篇回憶文章，王好為文中一個有趣的"鏡頭"和一段"官話"給我留下了深刻的印象。

一個"鏡頭"是：汪曾祺在允諾改編後，並想好影片名為《炮火中的荷花》。忽然一天，汪曾祺給王好為來電話說"不行了，寫不了。"王好為登門懇求，汪師母被王好為說動了，遭到了汪曾祺的嗔怪："不是講好推掉嗎，你怎麼幫她說話？"

一段"官話"則云：《炮火中的荷花》以最快的速度打印，以最快的速度送到各方面領導手中，中宣部文藝局、廣電部電影局、北京電影製片廠、河北電影製片廠、山東影視公司、天津電影製片廠、中影公司影視製片部的領導迅速閱讀了劇本，一致給予好評。（見王好為〈寫在荷花開放之前〉）

1995 年 4 月 15 日的《作家報》也曾報道了汪曾祺改編〈荷花淀〉的事，記者謝海陽寫道：老作家汪曾祺近日在接受記者採訪時透露，孫犁的名作〈荷花淀〉已由他改編為劇本《炮火中的荷花》，將由北京電影製片廠搬上銀幕……汪曾祺在改編中不僅保持和發揮了小說原有的特色，還融入了自己對生活的理解和體驗，發展和豐富了原作的情節。這部電影沒有大的戰爭場面，而是體現了在殘酷的戰爭面前普通人民群眾平凡而偉大的力量，是一曲民族精神的頌歌。

從上述引文中我們不難看出，汪先生對《荷花淀》真是盡心盡力了，他是在用自己的筆向抗日戰爭勝利致敬；並表達對孫犁作品的尊重與喜愛，回報王好為的熱忱和信任。

這裏，需要補充說一下的是，汪曾祺佩服的現代作家不多，孫犁是其中之一。而孫犁對汪曾祺也頗為欣賞，他說：去年讀了汪曾祺的一篇〈故里三陳〉，分三個小故事，我很喜歡這樣的小說，省時省力，而得到的享受，得到的東西並不少。（孫犁《老荒集・讀小說劄記》）可見，他們二位是惺惺相惜，心心相契也。

2023 年上半年，我編輯的《汪曾祺與女作家》被安徽文藝出版社相中，遂發函請求王好為授權同意刊發她的〈寫在荷花開放之前〉一文。7 月 5 日下午 4 時半左右，忽然接到王好為從北京打來的電話，告訴我她收到授權函了，她不僅同意轉載，還對未能把汪老改編的電影劇本搬上銀幕深深地遺憾，反覆地說，那本子寫得真好。

林汝為找汪曾祺，是為了將汪曾祺的小說《大淖記事》改編成電影。1989 年 4 月 2 日，汪曾祺在給陸建華的信中說過此事：

林汝為（拍《四世同堂》的導演）要拍《大淖記事》（電影），說了有一年了。我也不催她，她讓我自己改劇本，我沒有同意，改編自己的東西，限制性很大。（陸建華《私信中的汪曾祺——汪曾祺致陸建華三十八封信解讀》，上海文藝出版社 2011 年版）

汪先生說"改編自己的東西，限制性很大"，這是有一定道理的。這樣的"知難而退"，是明智之舉。大約是 94 年上半年吧，時任《中國檢察報》文藝副刊的編輯張國楨與影視編劇史建全曾一起和汪曾祺商談改編《歲寒三友》，談到最後，張國楨問汪老：您覺得如果要改編您的作品拍故事片，應該選誰執導合適呢？

汪老向著煙灰缸掐滅煙頭，帶戲謔地說：請斯皮爾伯格導演合適。斯皮爾伯格者，《辛德勒的名單》的導演也。史建全又問：汪老師您覺得改編哪一篇、怎麼來拍才好呢？汪曾祺沒有遲疑，回答脫口而出：我看不改編最好。可見，汪曾祺對改編自己的小說是有相當高的追求和標杆的。（張國楨〈90 年代裏的我和汪曾祺老師〉）

回過頭來再繼續說林汝為吧。這位林汝為是大名鼎鼎的影視編導，幾乎家喻戶曉的《四世同堂》、《便衣警察》、《蒼生》就是她的作品，其中她的詞作《重整河山待後生》、《少年壯志不言愁》更是傳世的影視歌曲，至今演唱不衰。林汝為對〈大淖記事〉特別欣賞，她請汪曾祺自己改編〈大淖記事〉未能如願，後來竟然自己與老伴一起動手親自進行改編。《北京日報》記者金力維曾在一篇報道中寫過林汝為改編〈大淖記事〉的辛酸：年過六旬，林汝為老兩口堅持筆耕不輟，把汪曾祺的小說〈大淖記事〉改編成電影劇本，卻苦無去處，無人問津，她靜坐自問："現在流行的懸念我是弄不來了，但我懂，什麼是好表演，怎麼拍出好戲來，為什麼就沒人信我了呢？"林汝為的丈夫孟昭文也是一位影視編劇，主要作品有根據葉廣芩同名長篇小說改編的《採桑子》及《OK · 大愛》等；不難想像，她們的改編是一個怎樣的付出，怎樣的期盼！他們夫婦如此鍾情於電影《大淖記事》的改編與拍攝未能如願，真是令人扼腕長歎也！

2021 年 6 月 12 日，林汝為逝世。《汪曾祺別集》（浙江文藝出版社 2020 年版）的選題策劃者李建新在 2021 年 6 月 13 日微信中感歎道：

> 聽汪朝老師講述，導演林汝為非常喜歡〈大淖記事〉，一直想拍成電影。簽下改編合同，到期了還堅持續簽，一定要拿在自己手裏，以後永遠沒機會了，遺憾。

汪曾祺的小說被搬上銀幕的只有〈受戒〉。北京電影學院 1993 年初起至 1994 年下半年攝製了電影《受戒》。《受戒》的主要執導者是該院當時八九級的學生吳瓊（片子由邱懷陽拍攝）。吳瓊 1970 年生，1993 年畢業於該院文學院（電影劇作專業）。為改編《受戒》，吳瓊曾與汪曾祺通過電話。電影《受戒》片頭即標明根據汪曾祺同名小說改編，片尾署“北京電影學院出品”，全片長三十分鐘，曾於當年暑期假後在學院的小劇場放映兩次，用於教學觀摩。1994 年 11 月，此片參映法國朗格魯瓦學生電影節。

在這三位女編導中，吳瓊是位小字輩，不僅名氣遠沒其他兩位大，也沒有什麼值得炫耀的作品，《受戒》只是她的畢業作業，一部初出茅廬的處女作而已。但是，吳瓊的《受戒》價值與意義卻不可低估，它是迄今為止唯一的一部由汪曾祺小說改編的電影，並且還出國放映過，前無他人，後無來者。

要說的第四位是黃宗英，汪曾祺與黃宗英有相當的交誼。黃宗英者，民國時即出大名的“甜姐兒”也，電影界的明星和編劇，而且在報告文學、散文創作方面亦時有佳作。丈夫趙丹去世後多年，她與翻譯家馮亦代結為伉儷，他倆黃昏戀中的往來情書以《純愛》為書名結集出版後，引起了讀者的強烈興趣。

汪曾祺、黃宗英兩位都是文壇上的重量級人物，經常應邀參加一些文學活動和出席重要會議。汪曾祺去世後，黃宗英回憶說：我喜歡的作家新作，你（指汪曾祺）在排行榜前列。“我喜歡坐在你身邊，你‘正兒八經’發言我沒印象，卻總被你的冷不丁的插話或不上台面的叨咕引得笑起來，回到家裏還想笑。”“我欣賞敬佩其人其文，並深感親切，彷彿在跋涉得難以支撐時被夥伴托了一托。”（黃宗英〈曾祺，跟你說個事〉）黃宗英特別喜歡看汪曾祺的小說、散文，她甚至還在給馮亦代的信中要馮先生也看看汪曾祺的作品，可見她對汪曾祺的東西喜歡到什麼程度啦！

汪曾祺兩位老朋友黃裳、黃永玉也是黃宗英的好朋友，而且黃裳與黃宗英還有過一陣子特殊的關係。黃裳本叫榮鼎昌，他曾熱烈地追求過黃宗英，追婚不成，榮鼎昌便易名黃裳，他說：“那麼我做你（黃宗英）的衣裳吧。”錢鍾書為此還撰寫過一副對聯，一語雙關，幽默諧趣：

遍求善本癡婆子，
難得佳人甜姐兒。

1996 年冬天，汪曾祺的好友黃永玉從香港到北京，黃永玉請了一大幫子老朋友相聚，汪曾祺、黃宗英都應邀去了，這大概就是他們的最後一次見面了。

鄉兄鄉妹格外親

——與江蘇女作家（一）

蘇州才女范小青是江蘇作家中的重量級人物，曾任江蘇省作家協會主席。她第一次見到汪曾祺，是在 1993 年的海南“藍星筆會”上。那次筆會與會者都是年輕人，汪先生是唯一的可稱為“老”的作家。小青有一篇〈汪曾祺：手裏的和心裏的〉散文，文中寫到了那次她想與汪老求字畫而又“沒敢開口”的狀態，比之她小說的大膽潑辣，似乎判若兩人。後來，范小青與汪先生在文學活動中曾多次見面，但見到“在汪老房間的裏裏外外，守了好長的隊伍⋯⋯看到這麼多人在煩勞汪老，我又不忍再去增加隊伍的長度了。”人們不難看出，這是小青對汪老的愛，體貼的愛、深沉的愛！

小青對汪老的愛，更體現在她對汪老作品的耽溺與感悟上。

她不止一次地告訴讀者，告訴採訪者："許多年了，汪曾祺的一本書，一直就放在我的手邊，書已經很舊了。這是出版於 1987 年的《汪曾祺自選集》"（〈高郵，我們共同的家鄉〉）；"直到現在，她牀頭還放著本汪老的書，閒時讀讀。范小青說，汪老的一字、一句、一段讀來，會讓人平靜。"（〈照耀著我們前進的燈〉）范小青說：雖然我手裏沒有汪老的一字一畫，但是我心裏有，就像汪老的那許多文字，永遠駐守在我的心裏。汪老的字畫，汪老的字畫中滲透出來的氣韻，也永遠佈滿我的精神深處。

也許是范小青與汪老近距離接觸太少了吧，汪老雖然沒有留下對小青作品的評論，但留下了他對小青其人第一次見面的兩字精彩"點讚"——

"藍星筆會"時，恰逢上海女詩人王乙宴生日，在大家為她慶生的酒席上，范小青過來敬酒，步履姍姍，風姿綽約，汪老見了，不禁舉杯脫口讚歎：慵懶！此乃與會之王幹兄親口告訴筆者的，非余之杜撰也。

傅曉紅與汪先生有多次交往。他們的第一次見面是在海南的"藍星筆會"上，江蘇去了好幾位中青年實力派作家——范小青、葉兆言、蘇童、王幹等，傅曉紅也去了。她當時在江蘇《鐘山》為編輯，那時的《鐘山》可是名作薈萃，譽滿文壇哦。在海南三亞的海灘上，汪老與她和張欣（廣東的女作家）留下了一張珍貴的合影。這張合影，如今被放大置於汪老故鄉的汪曾祺紀念館中，更置於傅曉紅的心中。

隔了一年，她與汪老又見面了。1994 年 6 月，《鐘山》與德國歌德學院聯合舉辦“中國城市文學國際學術研討會”，汪先生應邀赴南京出席會議。研討會之餘，汪先生揮毫潑墨，畫畫寫字，興致勃發。令曉紅高興的是，汪老的開筆之作《蘭花圖》就是送給她的。畫上寫了八個字：

吳帶當風

為小紅正

在為他人畫了幾幅畫後，汪老又給傅曉紅畫了一幅《蘭菊圖》，畫中題寫了屈原《九歌 · 禮魂》中的名句——

春蘭兮秋菊

長無絕兮終古

傅曉紅一直珍藏著這兩幀墨寶，只有同好的朋友要看，她才拿出來與朋友分享共賞。

傅曉紅還在汪先生家蹭過飯，那是《鐘山》在北京組稿時去的。據她說，去蹭飯是王幹提議的，她也想“見識汪老的烹飪手藝，於是厚厚臉皮就去了。”汪老搞了幾個家鄉菜招待家鄉客，有一道“蝦米火腿腸炒雞蛋”給曉紅的印象特好，“外脆內嫩，很香很好吃。”

2005年春，傅曉紅去了高郵，留心觀看了汪老描寫過的古城景象，品嚐了汪老文章中的水鄉美食。2010年5月，高郵舉辦汪曾祺誕辰九十週年紀念活動，傅曉紅又一次到了汪老的故鄉，想起與汪老交往，她十分感歎地說：

> 一切都像在夢中，
>
> 一切又都在圓夢。

還有一位曾在《鐘山》編輯部工作的胡丹娃也與汪先生有過短暫的交往。上世紀九十年代初，她與《鐘山》主編劉坪去汪老家拜訪，那天汪老家的人不少。雖然她沒有機會與汪老交談，但從汪先生與其他人的交談中，她已近距離地感受到了汪老的“心地善良，性格平和，卻頗有原則”，甚至萌生出“幾分敬畏”之感。

在此之前，汪老曾應丹娃之請，給《鐘山》的散文欄目“大家小品”寫過稿子；而此次丹娃卻不是為《鐘山》而來、而是為她現在工作的雜誌組稿而來的，心中不免“幾分怯怯”。令小胡感歎的是，“如此變來變去的向人約稿是最不方便的，他（汪老）卻絲毫沒有在我面前顯示出哪怕是一點點不理解，好像這是再正常不過的事”；不僅如此，汪老還送了她一本新出版的散文自選集《草花集》，並隨手取筆在扉頁寫上兩行字 ——

> 贈丹娃
>
> 汪曾祺 一九九四年十月

聽丹娃的朋友說，胡丹娃還曾有過“阿慶嫂”的雅號。在《鐘山》編輯部工作前，她曾於南京文講所學習過。學習期間，她在秦淮河畔的夫子廟青雲樓上開設了一個茶攤賣茶，為的是藉此觀察百姓尋常生活、方便文朋敘談交流。時值盛夏，學員們課餘前後，都喜歡去茶攤喝杯茶、聊聊天，人越多，茶更香。於是，丹娃“阿慶嫂”之綽號被在文講所內外傳開了，這大概也可謂小胡與汪老的另一種緣分吧。

黃蓓佳最“得瑟”的是汪曾祺稱她為“鄉兄”，這是汪老和她初識時送的“見面禮”。1986 年 11 月，汪曾祺在上海參加“中國當代文學國際討論會”，會後酒餘，汪先生便就著餐桌鋪紙濡墨，興致盎然地應求字索畫者一一揮毫。汪老也為她寫了一幅字，黃蓓佳在高郵的汪曾祺文學館的題詞上寫道：

> 那年我三十出頭，是筆會上小字輩的人物，汪老給我的字幅上卻稱我為“蓓佳鄉兄”，令我受寵若驚。

在〈“鄉兄”汪曾祺〉一文中，黃蓓佳也提到了這個事。她回憶說：給我的這張，寫的是“紅廛隔雨相望冷，珠箔飄燈獨自歸”。一旁圍觀的都說好，貼合我當年小說偏於浪漫、瀰漫了濃濃的惆悵悲觀的調子，的確有條幅中的意思……汪老在題款中還寫了“蓓佳鄉兄”的字樣，當時令我十二分地惶然。汪老是文壇前輩，我不過是三十啷當歲，老頭兒如此地禮賢我這小老鄉，是他的人格和胸懷。

黃蓓佳說：“五年後在雲南的‘紅塔山筆會’上再見汪老，他雖然容顏滄桑，身體卻還硬朗，爬山涉水勁頭不減，時常惦記尋覓他在‘西南聯大’時期的故地，吃從前曾經吃過的鄉土野食，是個十足的‘老頑童’。”敏銳而細心的黃蓓佳還注意到汪老的變化：“……仍然是笑瞇瞇的，言語很少，但是目光中沒有了犀利，變得慈祥、柔和、溫暖。”筆會遊撫仙湖時，黃蓓佳和陸星兒、淩力、李曉燕、趙虹等陪同汪老在一艘船上觀賞湖景，談笑風生，在《十五日夜走滇境》這本書上，刊登了她們和汪老在船上的合影，黃蓓佳位於汪老的前座，笑靨靚影，令人過目難忘。想到同行者作家李迪說“能歌善舞的黃蓓佳長著模特兒的身材，一天兩、三次地更換著時裝，使她每一次出現在眾人面前時，都如此輝煌。”（其“如此輝煌”，借用了黃蓓佳小說〈這一刻如此輝煌〉之字句）再看看這張照片，那李迪之妙語端的非誇

張之言也！（李迪〈紅紅的土 高高的山〉）

黃蓓佳最後一次見到汪老是在 1997 年的全國作家代表大會期間，她回憶道，“見到汪老滿臉焦黑卻頑強地抱一個葡萄酒瓶子不肯撒手，心裏就有種不祥的預感。很後悔沒有去他的房間再跟他說笑一番，實際上他那時候看人的目光已經有些顛三倒四了。”

梁晴也認識汪老，雖交往不多，但對汪老印象特深。1987 年，她尚在江蘇作協的《雨花》為編外編輯時，就見識過汪先生的《異秉》手稿。她說：“我認為這是我一生非常幸運的一件事，如果說人對文學的感覺也需要開‘天目’的話，汪老的《異秉》就等於是開啟了我文學的‘天目’，我從此知道了小說在教化的作用之外，還可以呈現一種語言之美，意境之美，風土民情之美，人性人文之美。可以說我開始真正地了解到了文學的魅力所在。”

她還在一篇文章中記敘了汪曾祺在江蘇的一段趣事。（江蘇）文學界有一年舉辦活動，郜科被派去拍照。吃飯的時候，郜科手執酒杯對本省一幫老前輩道：“你們這幫老傢伙不行了！你們再寫也寫不過叫汪曾祺的老頭！我宣佈，現在只有汪曾祺才是我的偶像！”豈料汪老此刻就坐在這幫老頭中間，捏著酒杯笑而不言。郜科得知真相，扔掉酒杯，“啪”地倒地，毫不含糊一個大拜。這場拜大師的結果，無非是成全了一對“忘年酒鬼”。（梁晴〈赤子郜科〉）郜科者，時在江蘇作協工作的一位漫畫家，文章也寫得不錯。此事我曾問過王幹，王幹說，當時他也在場呀，郜科這一拜，把汪老和那一幫“老傢伙”都樂壞了。

汪曾祺與蘇葉是在泰山筆會上相識的。在泰山筆會上，汪曾祺有兩大收穫：一是寫出了著名的〈泰山片石〉，二是因蘇葉的介紹而與高馬得相識相交。1991 年秋，汪曾祺和蘇葉都應邀參加了泰山筆會。蘇葉是個熱心人。在筆會上，蘇葉多次和擅長書畫的汪先生談到南京的書畫家高馬得。不久，高馬得在北京去了汪老家，兩位深諳書畫的同齡人相見恨晚，以茶代酒“聊得很開心”；高馬得當時送了汪老一張畫，汪老則回贈了一幅字。此後，汪老還應高馬得之邀，為他的《馬得戲曲人物畫集》作序，題曰〈好人平安〉。二人之書畫緣，乃蘇葉牽線搭橋之功耳！

蘇葉後來遠嫁台灣，與台灣著名作家、出版家、文化活動家郭楓結為夫妻。郭楓有“兩岸文化交流第一人”之譽，為大陸、台灣的文化交流作出了很大的貢獻，其中也包括發表和出版汪曾祺的作品。汪曾祺在給香港作家古劍的信中多次提及郭楓；汪老在美國國際寫作中心期間，郭楓還去找汪先生“晤談兩次”。作為郭楓的夫人，又認識汪曾祺，熱心人的蘇葉當亦有牽線搭橋之舉耳。

還有老家是海門的黃少雲（筆名阿琪）雖只見過汪老一面，但卻留下了溫暖的回憶。她是和南通作家黃步千一起到汪老家去的，"蹭了一頓好飯，還討了汪老的二則墨寶，一個書法條幅，一幅楊梅靜物，" 並與汪老合影留念。照片上，阿琪陽光燦爛、春風滿面；汪老一臉笑容、和藹可親。（阿琪〈我與汪曾祺的合影〉）

藏龜未失

遺澤長留

這是汪曾祺先生為劉德棻撰書的一副楹聯。

1994 年 6 月，汪先生應邀至江蘇省戲劇學校講學，劉德棻時為該校副校長。晚宴後，汪老乘著酒興為師生們濡墨揮毫，快意書畫。當得知劉德棻乃《老殘遊記》之作者劉鶚的孫女，且劉德棻也寫過有關《老殘遊記》的學術論文時，汪老略加思索，便撰書了這八個大字送給了劉校長。聯中之"藏龜"，係指劉鶚的名著《鐵雲藏龜》；鐵雲，是劉鶚之字；龜，則謂刻有甲骨文的龜片也。

汪曾祺還送過魏毓慶一幅畫。魏毓慶是散文作家，她很喜歡汪先生的書畫，但她不認識汪老，得知陸建華與汪老極為熟諳，故請陸建華得便時向汪老討要其墨寶。老陸適時向汪老轉達了魏的這一願望。不久，陸建華去北京時到汪老家敘晤又提及此事；老陸說魏毓慶散文寫得不錯，可惜新近丈夫去世了。汪老沉默片刻，起身從書桌上翻找出一幅畫，又取筆在畫上題寫了上款，下款署上"汪曾祺"三字。當老陸把汪曾祺的這幅畫交給魏毓慶時，魏毓慶真的是感動得不知說什麼了。

徐卓人是吳江人，一口的蘇州話。1990 年春，她在魯迅文學院研修時認識了汪曾祺先生。汪先生來講小說創作那天，正好輪到她值日，在隨著王彬先生迎候汪老時，汪老注意到了她，並問了她是哪裏人。下課後，汪老在她遞上去的筆記本上寫了一句話：

月落吳江冷

這詩句化自唐代詩人崔信明的名句"楓落吳江冷"，汪老之題，不僅說明了他酷愛此詩，也說明了他一下子便記住了徐卓人——這位來自吳江的學生。

徐卓人的小說寫得不錯，頗為汪老青睞。應她之請，汪老為徐卓人的小說集寫了序言。序言寫得很認真，其結尾尤其令人難忘。他說：徐卓人要他寫序，"我有點躊躇"，但筆鋒一轉，即說讀了小說集兩遍後"很樂意為之寫序"，進而還執著地聲言："我願意負責地向讀者推薦這本小說，推薦這個很有才華的女作家，請相信一個從事寫作半個世紀，今年已七十二歲的老人的誠意。”讀到這裏，不禁使我聯想起汪老在此前的又一個“負責”，那是他在飽覽了浙江楠溪江後發自肺腑的一句話——

> 我可以負責地向全世界宣告：楠溪江是很美的。（見汪曾祺〈初識楠溪江〉）

平心而論，徐卓人對汪老有自內心的欽佩與敬仰。她寫下了多篇關於汪老的文章。如〈我和恩師汪曾祺〉、〈汪曾祺大寫意〉、〈汪曾祺的價值〉、〈永遠的汪曾祺〉、〈但願人長久〉、〈汪曾祺與吳文化〉，還在〈呼喚你，永久的美〉、〈酒逢知己〉、〈茶壺情結〉、〈皮實〉等不少散文中都說到了汪先生。在這些文章中，有兩篇值得特別說一說，一篇是〈汪曾祺大寫意〉，這篇大寫意中有不少令人動容的細節描述，且拈出一例吧——

> 那次我看他為一位青年朋友作畫，畫的是兩株黃牡丹，畫了，橫過左右看看，嘩嘩嘩兒把將畫“團”了，又畫，又不稱心，又“團”。如此反覆三次，最後一次有些得意地問我：這次畫得可以吧？我說：活了！他笑了。我心裏卻直歎：這不要命了嗎？再看看那累積在桌邊的一大堆廢掉的畫，總有幾百張，我直心疼，沮喪著問：這些難道都沒用

嗎？曾祺先生倒乾脆得很：沒用！

在〈汪曾祺的價值〉中，有一段話別人也許並不在意，但我十分贊同，非常賞識。她雖然不是搞文學評論的，然而她對汪先生文學的評論卻頗具卓識。她說：

> 汪曾祺的文學雖未被視為主流，但應是中國現代文學的主流。汪曾祺的作品，可以使人看到中國知識分子的經歷、體驗與化解。對汪曾祺來說，只有一種東西，就是癡迷地表現美。而這種東西，正是承載了兩代文人對社會的道義、責任和希冀。這一點，或許至今尚未被人意識到，因而人們總只是津津樂道於汪曾祺作品的具象，卻忽略了汪曾祺本身的價值。

江蘇文化記者馮秋紅與汪先生的一次“遠距離”接觸，是值得一提的。1997 年 1 月初，上海滬劇院和滬劇《蘆蕩火種》劇本創作的執筆者文牧之遺孀筱惠琴，聯合將汪曾祺與江蘇文藝出版社告上法庭，狀告汪曾祺署名京劇《沙家浜》侵權；不久，又將《汪曾祺文集》的主編陸建華追加為第三被告。所謂的《沙家浜》署名侵權案一時在文藝界搞得沸沸揚揚。汪曾祺對此則如被人突如其來地打了一下悶棍、潑了一身髒水，顯得十分鬱悶；尤其是對某些別有居心的記者特別反感。“他在電話中對採訪的記者大聲嚷嚷一句話：‘我無可奉告……’。”（陳徒手《人有病，天知否》）汪老女兒汪朝也說他在接某記者電話時“有些偏激，口氣也很不客氣。”（〈老頭兒汪曾祺——我們眼中的父親〉）

此事對一生潔身自好的汪曾祺帶來了極大的身心損害，他的親友非常擔心、十分著急。陸建華當時比較冷靜，也比較客觀；除適時安慰汪老外，他覺得借媒體之力予以調解、降溫也是一個解決途徑。他認為馮秋紅堪當此任，一是因為小馮是負責文化報道的記者，二是她懂相關法律，三是她敬重汪老、善解人意、與人為善。老陸與小馮迅速達成一致：向文牧夫人道歉。在馮秋紅婉轉而有分寸的說服下，正在氣頭上的汪老在電話中當即表示認同。於是，馮秋紅很快寫出了《汪曾祺向文牧夫人鄭重道歉》，並於 1 月 16 日在上海《新民晚報》和南京《服務導報》同時刊發。陸建華說，馮文的發表，“在很大程度上扭轉了汪曾祺先前的被動尷尬局面”。

馮秋紅的這一次與汪老的電話，是《沙家浜》版權案中記者一次具有善意的“採訪”，也令汪老親友和“汪迷”們至今難忘。

小溫大愛遺澤遠

——與江蘇女作家（二）

汪曾祺先生去世後，故鄉的女作家陸續撰寫了不少文章以寄託哀思、緬懷之情，傾訴敬愛、仰慕之心；尤其那些與汪老見過面的、有過交誼的，其文更令人感動。近來集中看了她們的大作，不禁感慨繫之，爰借引其片言斷章綴以成文奉諸君分享。

任俊梅

楊汝祜與汪曾祺是親戚，是汪曾祺的母親楊氏一脈的後人。汪曾祺幾次回鄉，都要與楊汝祜敘敘舊，不僅僅因為他們是親戚，而且也是書友。楊汝祜的字寫得很好，他們談起書法、說起老親，一杯清茶，閒聊半天。楊汝祜的夫人任俊梅是高郵的名師，書教得好，筆頭子也厲害，在她執筆寫的〈汪先生的饋贈〉

中，那些汪曾祺的細節描寫親切感人，難以忘懷。

我與楊汝祜也是好朋友，他的妹妹楊汝琬下鄉插隊時，和我在一個大隊。我在高郵文化館工作時，常到他家去閒聊。他家離文化館不足百步，臨河而居，聽著潺潺水聲，令人生悠遠之思。在楊先生的家裏，我看過汪先生與楊汝祜的一張合影。汪老挽著老楊的胳膊，身心相連，春風滿面。任俊梅回憶說，“天上掉下來一個大表兄！還是位名人！老楊靦腆不自在，沒料汪先生主動挽住老楊胳膊，似乎套牢了楊家子弟的胳膊，好像就是牽住了母系家族的根系！”

汪曾祺還為表弟留下了墨寶，一幅是立軸五律《新河》，詩云：

晨興尋舊郭，散步看新河。
舵船垂金菊，機船載糞過。
水邊開菜圃，岸上曬蘿蔔。
小魚堪飽飯，積雨未傷禾。

另一件是摺扇上的題詞。一面書“幾生修得到梅花”，此為宋人謝枋得之名言，句中有任俊梅之“梅”字，是喻任老師是梅花？是說楊汝祜“修”得到了任老師？還是兩者兼之？七字之題，不亦妙乎！摺扇另一面辭為“秋色爛斑下來的幾行新雁”，汪老於此是抒發思鄉之情？還是寄託遠“徙”之盼？亦餘韻蘊藉也。

何葉

何葉與汪老接觸的時間不少，前前後後、斷斷續續的有一週左右吧。曾任文化部副部長的徐平羽是高郵人，是何葉母親王文章的舅舅。那一年高郵政協要出紀念徐平羽的《徐平羽專輯》，委託何葉的母親去北京搜尋徵集相關資料，因王文章當時身體欠佳，何葉便隨同母親一道去了北京。除了搜集徐平羽的資料外，她一有機會，就去找汪曾祺。這是她赴京之前早有預謀的。

到了北京，何葉隨即便風風火火地趕到汪老的府上。何葉腦海中一直儲藏著那天的情景：我遞上了從家鄉帶來的蔞蒿，就是“蔞蒿滿地蘆芽短”的那個蔞蒿。千里迢迢，耽擱久了，蔞蒿已經有點蔫了，汪老卻愛不釋手地拿著，告訴他夫人：“這東西，味道可特別著哩。”看他那份高興勁兒，真不願意告訴他這蔞蒿下面的鵝已經變味，差一點被我從火車上扔掉。還沒等我說，他已經看見下面的鵝，驚喜極了，瞬間，又痛惜極了，連說：“可惜了，可惜了。”我常常想，那年代要是有順豐快遞，有高鐵，該多好呀，可以慰解老人多少的思鄉之情啊。

以後的幾天，何葉總是尋機從她母親身邊開小差，去汪老家小坐一會。她回憶說，每次臨走時，他總是送我一本書，我還開玩笑地說："書都送完了，怎麼辦啊？" 老人詼諧地說："我接著寫呀"。就這樣，何葉獲得汪老簽贈的《蒲橋集》、《汪曾祺自選集》以及有汪老作品的《京派小說選》等書。這幾本書不僅成了她在京的枕頭讀物，也是她珍藏的先賢遺澤，更是伴隨她一生的精神食糧。

閒談中，汪老得知她也喜歡寫文章時，很高興地要小何把寫的東西帶給他看看。第二天何葉就帶去一些作品給汪老看。汪老入神地過了一遍，對何葉說："你的散文比你的詩寫得好，你很有語言天賦，要多寫。"

小何與汪老很談得來，因為她也喜看雜書，她記得當時"我們聊的最多的不是文學，不是家鄉菜，我們聊的最多的是繪畫，是劇院的各種趣事。記得那天談到繪畫時，我還說了一句至今想來還挺有深度的一句話：'繪畫與寫文章一樣，留白最重要'。汪老笑著說：'對，文章的妙是意在言外，繪畫的妙是畫盡意在。'"

何葉還記得那天的一件事："聊著聊著，電話響了，接完電話，汪老笑著告訴我：'這次是做月老。她在杭州，丈夫在北京，雜誌社跟她講，只要能約到汪老的稿子，隨時可以到北京去。因此，我自是成人之美了。'" 汪老在電話裏說的那個"她"，是浙江的女作家袁敏，其時是《東海》雜誌的綜合組組長，分管詩歌、散文、評論。袁敏第一個想組的，就是汪曾祺先生的稿子，她便向好友韓藹麗求助，韓藹麗與汪老熟識，曉得汪先生一貫與人為善，當即就在電話裏大包大攬，說，沒問題，老頭人特好！只要告訴他你這是給人搭鵲橋呢，他一準答應。

令人惋惜的是，歲月改變了何葉的生活軌道，她的文學天賦未及人盡其才。然而，她對文學的喜好、她對汪老的敬愛仍舊一直深藏在心中！

厲平

厲平現供職於揚州媒體，是當地頗有知名度的女記者、女作家。當她在高郵還是一位不知名的文學愛好者時，她與她的偶像汪曾祺先生相遇了。厲平在一篇文章中激動地回憶了當時的情景和感受。她說："1991 年，是我一生中最難忘的一年……我見到了汪老，汪老還親自為我發獎！""一趕到會場，我的目光就到主席台上開始尋人。找到了、找到了：藍色襯衫、米色休閒服外套，一張古銅色的臉，普通得就像鄰家大叔，但他那眼神絕對與眾不同！""頒獎大會開始了，主持人說了些什麼，我已記不清楚，讓我沒想到的是，因為這次徵文我得了一等獎，將由汪老親自為我頒獎。我也記不清自己是怎麼走上領獎台的，只知道按照順序安排站到了汪老面前。我注意到，汪老拿著獎狀看看，又盯著我看看，問：你就是厲平？祝賀你，好好努力！當時有人為我們拍照，可我一點都不知道，當時的緊張和興奮由此可見一斑。”這篇文章的題目是：〈高郵城裏尋汪老〉。

蔣蕊

高郵還有一位才女，叫蔣蕊，碩士畢業後從政了。儘管她與汪老也只見過一面，但汪老對家鄉的那份牽掛、對後昆的那種親切，使蔣蕊終生難忘。汪先生去世二十週年之際，她在政務之餘寫了篇懷念文章〈珠湖有憶〉。在文中的結尾處，她寫道：

> 1993 年夏天我去北京旅遊，去之前，高郵文聯的老師把汪先生的地址給了我，託我前去拜望，我自是求之不得。找到蒲黃榆路上的汪老家，開門的是汪夫人，汪先生正在接受台灣一家雜誌的採訪，聽說是家鄉後輩，忙迎了出來，陪我到書房敘話。七十多歲的老人穿著風涼的真絲短袖襯衣，銀白的頭髮梳得一絲不亂，清癯的臉上是淡淡的笑容，說說家鄉的情況，還有我們共同的母校高郵中學，汪先生很健談，笑語生風。時近中午，汪夫人進來，要留我一塊兒吃餃子，我連忙推辭。汪先生也不強留，說：“我送你一本書吧。”就是那本灕江出版社的《受戒——汪曾祺自選集》。正是

在這本自選集裏，我慢慢讀出了汪先生的世界。在他的世界裏，樸素的鄉音就像紫紅發亮的新鮮荸薺又脆又甜，而溫暖的人情就像流淌不絕的運河水，江流宛轉繞芳甸，繞出了一座蔭蔭茂茂的河之洲，洲上有座塔，始建於唐。這人情積澱了千年萬載，你說厚不厚？

李連珠

李連珠當時也是一位業餘作者，在企業裏從事宣傳工作，特別喜歡看汪老的書。她走近汪老，也是因為她獲得了“春蠶盃”徵文獎。她獲獎固然很高興，但令她更高興的是她見到了汪老，汪老還親自為她頒了獎。回憶起這美好的時光，李連珠心中充滿了欣喜。且摘抄她在〈汪老為我頒獎〉文中的一段話：

頒獎大會氣氛隆重而熱烈，參會的領導先後講話，但我關注的焦點在我的偶像汪老身上。我坐在會議室前排座位上，與主席台就座的汪靠得較近，只見汪老花白頭髮，穿了一件淺色的夾克衫，兩隻眼睛炯炯有神，凝目看向我們的時候，彷彿有笑意盈盈的溫暖，絲毫沒有一點大作家、士大夫的孤傲清冷的感覺，而是和藹可親、平易近人、很接地氣，就如同一位鄰家的老伯，一位慈祥、仁愛、風趣的長者。頒獎大會結束後，汪老與市領導還與我們獲獎作者合影留念，定格那瞬間的美好，就有了一張與汪老同框、彌足珍貴的照片。汪老勉勵我們的話語，已成為我在文學道路上繼續前行的動力。

張月華

小張也是一位小“汪迷”，最喜歡看汪老的小說散文。1991年，張月華聽了汪老的文學講座，並參加了有汪老參加的聯歡會。在她寫的《逝者如歌　書墨猶新》一文中，回溯了汪老與她短暫接觸的一個特寫鏡頭：“那天晚上，我和厲平兩人最喜歡跳拉手舞，邀請先生跳。先生笑笑擺擺手，但很有興致坐在那裏看我們跳，趁跳舞的空隙，我和厲平拿出我們各自準備的筆記本請汪老題詞。汪老即席寫了七個字：銀河耿耿月華明”。

周悅

《汪曾祺全集》中，有汪老於 1993 年 5 月 30 日給戎文鳳的一封信。信的內容是：要求高郵市人民政府落實他與堂弟汪曾煒房產的事，當時戎為市長。因先前市領導曾有過承諾，但幾年過去了卻未能踐言，故汪老於信的末尾云：“曾祺老矣，猶冀有機會回鄉，寫一點有關家鄉的作品，希望能有一枝之棲。區區願望，竟如此難償乎？”

早在 1986 年，汪老就給高郵市領導寫了一封信。這信是其時在市黨史辦工作的周悅打印的。周悅在〈汪老的夢，未竟與圓滿〉的短文中回憶道：“那時，我的同事王幹找到我，他帶來了一位老者，那時的我並不知道他竟是大名鼎鼎的汪曾祺先生。只見這位老人眼神中透著深邃的光芒，帶著一種難以言喻的期盼。”

周悅剛工作不久，汪曾祺的這封信和他的眼神，深深地留在了她的腦海之中；彷彿為她今後閱讀汪曾祺的作品注入了一股特殊的情感與動力。

周悅曾與我是街坊鄰里，她的父親是一位老幹部，與我頗為投緣，見面時我們總喜歡站在巷邊閒聊幾句。我在高郵時，與她見面不多，回溯起的她是小姑娘的俏麗身影。如今，這位才女也是高郵的“汪迷”哦，已寫了〈“不在乎”與“皮實”—— 讀汪曾祺《跑警報》有感〉等多篇讀“汪”的文章。

我特別欣賞她在〈汪老的夢，未竟與圓滿〉中的那一段話，她說：“如今，他的家鄉高郵市政府為他特地建造了一座汪曾祺紀念館，像是一個遲來的擁抱，溫暖而又深情”。你看，這話說得多好，是文章的“點題”之句、“點睛”之筆，也是值得讀者的“點讚”之處；使我們此時彷彿也分享到了一個溫暖而又深情的擁抱；甚至浮現起汪老那難以言喻的期盼、深邃光芒的眼神！

蒯樂昊

在家鄉年輕女作家中，與汪老有所接觸並在文學上有所成就的，應該非蒯樂昊莫屬了。1981 年，汪老應邀在家鄉的母校演講，當時蒯樂昊還只是十幾歲的初中生，在聆聽汪老的文學講座後，作為學生代表與汪老合影。

小蒯的父親曾下放高郵，後來調任江蘇省戲劇學校任校長，特地約請汪老到學校講課。據蒯樂昊回憶，她自幼就在父親的書架上找汪老的書看，反反覆覆翻看，直到書脊都翻爛了。“因為通俗好懂，雖是孩提，也知流淚……長大以後反覆重讀，那一個個淚點，還在原地等著我，無一遺漏。”年齡稍大，舉家調離高郵之後，她家飯桌旁一直張掛著汪曾祺先生的親筆書法：“城頭吹角一天秋，聲落長河送客舟，留得宋城牆一段，教人想見舊高郵”，是汪老寫給她父親的詩，也是離開高郵之人對舊土的共同抒情念想。

2017 年 3 月，汪曾祺先生逝世二十週年之際，蒯樂昊在她供職的《南方人物週刊》發表了她撰寫的封面報道〈抒情的人道主義者〉，以近萬字長文梳理了汪曾祺先生的生平故事，以誌她對汪先生的緬懷。之後，她又在《南方人物週刊》發表記者手記〈汪曾祺的好〉，表達自己對汪老文學作品的理解，尤其是他寫的那些關於特殊年代的小說，“他行文中有大慟，但都藏在淡然悠遠的白描背後，比如〈天鵝之死〉和〈黃油烙餅〉。這不是任何寫作技巧所能賦予的，這是一個作家天性中的良善，做不得假。用情至深，而鮮少形於辭色，汪曾祺的動人，亦在此處。”

可以告慰汪老的是，當年的初中學生小蒯，如今也成了文學從業者。她是資深媒體人，《南方人物週刊》總主筆；同時寫小說、遊記，從事文學翻譯和藝術評論，筆耕不輟，曾先後出版小說集《時間的僕人》、《疼痛之子》，文博專著《雲岡：人與石窟的 1500 年》、編撰《神的孩子都旅行》、《百年家族》等，並有《迷魂谷》、《時間的女兒》、《歌唱的沙》、《亞瑟與喬治》等大量譯著問世。

在接受採訪被問起哪些中國現當代作家對她影響較大時，她屢次提及前輩汪曾祺，認為他那種恬淡溫和的人文主義文學思想，令她終生受益。日前我與小蒯通了話，我說，明年是汪老誕辰 105 週年，你能回高郵參加紀念活動？她說，爭取吧，現在真的說不準。稍稍頓了一下，她說，不管能不能去，我寫封信給汪老吧。“寫信？”我驚訝了。“是呀！”她幽默地說。信不長，呵呵，還挺有意思。我照抄如下：

汪老先生您好！沒想到用這種方式給您寫信，是想感謝您對我的文學啟發。我想所謂師承，並非一定是一種師徒關係，一個人的文學師承，可能是那些影響過他的事物之總和，正如您剛開始寫小說時，沈從文先生看了您寫的人物對話，搖頭說這不是兩個人在講話，這是兩個聰明腦袋在打架，這就是您的師承，深刻影響了您後來的文風，也一直提醒我：寫得聰明是容易的，寫得笨、寫得真要難得多，而文學就是永遠要做那些更難的事。

晚輩小蒯敬上

2024 年 12 月

汪先生會收到信麼？我想：一定會收到的。

汪曾祺與雲南女作家

雲南是汪曾祺的第二故鄉。因此，汪曾祺對那裏特別有感情，對那裏的人、那裏的山水、那裏的事物特別有感情。他為女作家寫序不多，但就為雲南的三位女作家寫了書序。

先燕雲

汪曾祺與先燕雲相識較晚。1991 年 4 月，汪先生隨中國作家赴滇採風團參加“紅塔山筆會”，當時先燕雲是雲南《女聲》雜誌的主編，在陪採風團一路活動中，她陪侍汪先生左右，從第一次握手漸次昇華到“相看兩不厭”。先燕雲是雲南才女，其主編的《女聲》時尚前衛，別樹一幟，更因前無古人地在雲南主辦過“春城小姐”選美活動而蜚聲文藝界。與汪老等一行見面的那天，她“秀髮披肩，長裙拖地”，“一口脆生生的普通話”，適時地將隨身帶去的新出的雜誌分送給各位作家，並藉機熱忱組稿，竟一下子就敲定了汪先生的作品，可見小先給汪老的第一印象有多好了。

汪老與小先的半月同行十分愉悅，給先燕雲留下了極其深刻的印象。潑水節那天，小先被潑得從頭到腳“小河流水”，禁不住瑟瑟打抖。汪老說：“小先被祝福得淋漓盡致。”她和凌力等幾位女作家編排汪老是酒精、味精、字精、畫精……汪老順口加了一句“妖精”送給她們，老少皆樂，哈哈大笑。汪老因崴了腳不能動，居然躺在牀上，為先燕雲的《女聲》寫了一首詩。

在“紅塔山筆會”上，江蘇去的作家黃蓓佳無意中看到了汪曾祺親切撫慰先燕雲的“微視頻”：

那女孩子正遭遇著人生最深切的困惑，似乎身體也不是太好。有一次我走進汪老房間，看見女孩握著汪老的手，大概剛剛對他哭訴完畢，雙眼紅腫。而汪老沉默不語，滿面悲憫，眼睛中居然也見到濕潤。那一幕使我深感震撼……只覺得一老一少雙手交握時，兩雙手的膚色和質感很有衝擊力。此後很多年，我常常會回想那一幕，每每憶及，心裏就被什麼東西重叩過似的，說不出的感慨。（黃蓓佳〈“鄉兄”汪曾祺〉）

採風團一行在雲南活動了半個月，在這十五天裏，汪老與小先聊文學、聊人生，一老一小成了忘年交。汪先生甚至邀了幾位年長的作家“找小先作了一次頗為嚴肅的聚談，對她的未來作了一番設計”。汪先生建議她多寫散文，早一點出個集子，並答應給她的散文集寫序。

先燕雲沒有辜負汪老的期望。

一年以後，先燕雲的第一本散文集《那方山水》便編好了，汪曾祺應諾寫序，題為〈相看兩不厭〉。汪先生在序中對小先的佳作〈江川的誘惑〉、〈夜走荒原〉、〈峽江相逢〉、〈瀾滄江之旅·鳳凰樹〉等殊為激賞，他認為“先燕雲的散文給予讀者的是對生活的執著的愛。我想這是先燕雲散文的積極的意義。”汪老對小先的語言也大加讚揚，他說：“老臉上開滿菊花”，這是一句很精彩的語言，這非常生動，非常形象，非常概括。這是現代詩。”他還說：“有孤山不走這一句，你就有資格當一個散文家”。

汪老在序中也給先燕雲提出了一點建設性的意見。比如，汪先生十分賞識〈峽江相逢〉，他說：我很喜歡這篇充滿溫情的小詩。如果是我，我會把“峽江”兩個字去掉，題目就叫〈相逢〉。“相逢”，多美的詞呀！我認真查了一下《那方山水》，小先已把題目改成〈相逢〉了，於稍後百花文藝出版社的《黑白人生》一書中，題目也是〈相逢〉。

汪先生的序寫於 1992 年 7 月 18 日，時正北京酷暑。先燕雲在《那方山水》的後記中說，“正溽暑中去信要文章，汪老就在酷熱中寫了序”。汪先生某年的 7 月 22 日曾給涂光群一信，其信末尾云，“今年北京奇熱，伏案寫一短信，即已汗滴紙上”。作家龍冬珍藏著此信，他在〈汪曾祺的七滴汗〉一文中寫道：“我在紙面上果然找見他汗滴的浸染。數了數大大小小的汗漬，有七滴。”彼時汪老家沒有空調，他老先生又不喜用電風扇，為寫此序，汪老之汗滴當高出七滴數倍矣。

在《那方山水》中，有一篇〈覓我遊蹤五十年 —— 汪曾祺印象〉，那是半個月來先燕雲對汪曾祺的觀察後的“特寫”與“素描”。文中的一些細節，生動地點擊了汪老雲南“遊蹤”的精彩鏡頭，描述了汪老對她的關切，表達了她對汪老的敬慕……

書中的〈一片有情人間〉，也寫到汪先生，這在其他人的文章中似還從未說過。先燕雲說，“她與汪曾祺認識。見到汪老，她眼中極自然地流露一種興奮。抓住汪老的手，她微微彎下腰，幾近虔誠地說：‘我好喜歡您的文章。’辣辣的川音變得綿軟悠長。她與汪老論禪，神采飛揚，濃密的短髮隨頭一起一合，流溢一種動感。見她那雙握住汪老的手，我心中一動。這是一雙柔若無骨，纖細圓潤的手，少見的美。”

文中的她，是作家何潔，曾是流沙河的妻子，汪先生見到她時，他們已經離婚了。

隔了近六年的時間，汪曾祺與先燕雲再次在雲南見面。1997

年 1 月，中國作協和玉溪捲煙廠聯合舉辦第二屆紅塔山筆會，汪曾祺再次蒞滇參加筆會活動。汪先生興致勃勃飛往昆明，原以為可以與上次結識的玉溪捲煙廠的廠長褚時健及先燕雲等暢敘一番，卻不料其時正值褚時健因被舉報貪污接受審查。先燕雲是褚的乾女兒，且對褚非常了解。汪老聽了先燕雲講述了褚廠長的相關情況，十分鬱悶，當晚即作〈再訪玉煙不遇褚時健〉以抒感懷。一老一小因褚之變故，一時再無心情論及文章書畫了。當月 16 日，汪老返京，先燕雲到機場為汪老送行，這是他們的最後一面。不久，汪老便於 5 月 16 日因病去世了。

彭鴿子

彭鴿子早就知道汪曾祺了，她是聽她父親彭荊風說的。彭荊風是位軍旅作家，電影劇本《蘆笙戀歌》就是他寫的，他早就是中國作家協會的會員了，他很喜歡沈從文和汪曾祺的小說、散文，與汪曾祺也相識較早，彭荊風常和鴿子說起汪曾祺。鴿子看了不少汪曾祺的作品，總想會有一天見到汪曾祺本人。

這一天不期而遇。1985 年 11 月 27 日，彭荊風帶鴿子去看望沈從文先生，正巧那天汪曾祺也與夫人一起去看望老師，用鴿子的話來說，那真是“幸運的邂逅”。汪曾祺與彭鴿子十分開心地用昆明話聊天，汪先生津津有味地回憶起當年在昆明吃的炒餌塊、小鍋米線、汽鍋雞……由於汪曾祺的昆明方言說的不地道，“怪聲怪氣”的逗得鴿子哈哈大笑。

隔了一年多，汪曾祺與鴿子又見面了。1987 年 4 月，汪先生隨中國作協代表團赴雲南。彭荊風特地邀汪曾祺到家中歡敘。鴿子下廚做了汽鍋雞、煎乳餅、火腿涼片、涼米線等幾道有特色的滇菜款待汪先生，從上次在沈從文家的閒談中，鴿子已知道了汪曾祺的口味喜好，所以汪曾祺吃的很滿意；尤其是他喝的又是彭荊風儲放了十年的“四特酒”，老頭兒特別興奮、格外高興。他風趣地對鴿子說：“我們倆有共同之處 —— 好吃，好吃還喜歡下廚。”乘著酒興，汪先生濡墨揮毫，為主人寫了好幾幅字。

汪先生與鴿子再次相逢，是 1988 年夏天。鴿子去北京報考北京大學作家班，剛考完，她就去看望了汪先生。汪先生一見面就說：“昨天你來電話說今天要來，我想著給你做個王八豆腐吃，沒做成功，只能請你吃滴油金華火腿”。汪曾祺親切地叫鴿子“閨女”，一邊夾菜給她吃，一邊向她介紹這道菜的來歷、特點和做法。鴿子感歎地說：“吃曾祺伯伯燒的菜是一種享受，聽他談做菜好似聆聽一篇烹飪美文，從中可獲得不少知識”。（見彭鴿子〈春茶、夏菌、秋燒鴨〉，刊 2023 年 7 月 7 日《光明日報》）以後鴿子只要去北京，都一定要去看望汪伯伯、施阿姨，而老頭兒則總是樂呵呵地親自下廚做菜款待“閨女”。當然，每次見面，他們除了談美食，就是說美文，汪先生總是勉勵鴿子要多動筆，勤思考。

在父親和汪曾祺的薰陶與指導下，鴿子寫作提高較快。1993年前後，鴿子寫的散文擬結集出版，這是她的第一本散文集，她想請汪曾祺寫個序。令鴿子高興的是，她打電話給汪曾祺，老頭兒一下子就答應了，囑鴿子把書稿寄給他。更令鴿子感動的是：二十天後，彭鴿子就收到了汪先生的序文〈貴在堅持〉。

汪先生的序寫就於 1994 年 5 月 7 日。序文寫得認真而坦誠，對鴿子的散文既有讚揚和肯定，也有具體的批評與指點。在序文的末尾，汪曾祺說："鴿子是荊風的女兒，是我的晚輩，我的話說得很直率，希望鴿子不要不高興。" 可以告慰汪伯伯的是，"閨女" 不僅沒有不高興，而是挺實在地接受了汪先生的意見。汪先生說這本 "散文集篇目未免太少"，鴿子又奮筆寫作，增補了七篇作品。汪先生說 "看來鴿子還不夠勤奮"，她更是以實際行動回報了汪伯伯的勉勵。鴿子實踐了她於《雨霧山鄉》後記中的最後一句話 "我會努力"！在此後的幾年中，鴿子又出版了散文集《走進司崗里腹地》，並獲得了冰心散文獎，還出版了長篇小說《紅嘴鷗的尋覓》，也獲得了全國第三屆蒲公英獎銀獎。

得知汪曾祺去世的信息後，鴿子很傷心，迅速在博客上推送了一篇懷念文章，深情地回憶了她與汪先生的交往，記述了汪伯伯對她的關心厚愛，這篇文章的題目就是〈幸運的邂逅〉。

董秀英

在雲南女作家中，汪曾祺為之作序的，董秀英是第一位。董秀英的中短篇小說集《馬桑部落的三代女人》1991 年 6 月在雲南人民出版社出版。應董秀英之請，汪先生於 1990 年 2 月 17 日寫就序言，題為〈遙遠的阿佤山〉，首刊在 1990 年第 1 期的《文學界》。

董秀英是佤族文學史上第一位書面文學作家，她的寫作是在雲南作家彭荊風的指導和鼓勵下邁出第一步的。她的散文〈木鼓聲聲〉1981 年在《滇池》發表，被譽為"佤族文藝寫作上敲響的第一聲木鼓"。正如彭荊風所言，"她雖然文學基礎較差，但悟性大，向她介紹一些文學名著，講些文學理論，都能很快接受，寫作也日益進步"。

後來，她被推薦到魯迅文學院進修，在那裏認識了汪曾祺先生，在汪先生和其他老師的關心下，她的寫作有了長足的提高。

董秀英的《馬桑部落的三代女人》，以祖母、母親和自己為原型，用三代人的不同經歷，生動地描述了佤族歷史的滄桑變遷，形象地反映了佤族三代婦女的不同命運，從不同視角真實地反映了阿佤人的覺醒與新生。汪先生對董秀英小說的"抒情氣質”、“抒情氣息”特別賞識，他甚至讚揚〈河裏漂來的筒裙〉是一首優美的抒情詩，寫得淡淡的，但是讓人感到很溫馨。對作品中具有“地方色彩”的雲南口語和“充滿漢語詩的韻律感”的語言，汪先生更是青睞。同時，汪先生也誠懇地指出作品的不足之處，並在序的開頭就坦言：“這個女作家還不能說是已經成熟”。這種“不近人情”，正體現汪老對這位學生真正的關愛。

有一次，雲南作家屠燮昌去汪老家請他為重建的保山“文筆塔”題寫對聯，閒談時，汪先生說到了董秀英。屠燮昌在《懷念汪曾祺》中有這樣一段記述——

他突然問我：“你是不是少數民族？”

“您曾問過多次。我不是。”

“可你怎麼像你們雲南的董秀英一樣，說話這樣率直？我總認為你也是阿佤族。好，我就喜歡你倆人這種直性子人！董秀英你認識不？”

“認識。我見她面總喊她‘第一個穿牛仔褲的佤族婆娘’。”

他幾近手舞足蹈：“哈哈哈，以後我見她也這樣叫她。哎，她不會多心吧？”

“不會。”我滿有把握。

他又和我擺開了“龍門陣”，說上次去版納，回昆後董秀英請他去家裏便飯，結果卻變成了“她作東，我作炊，我儼然成了主人。”

在董秀英家作客事，汪老在自己的文章中也提到過。他說“前年在昆明，佤族女作家董秀英的愛人，特意買到一隻武定壯雞，做出汽鍋雞來，跟我五十年前在昆明吃的還是一樣。”（《昆明的吃食》）董秀英的一位鄰居也是個美食家，他說那天汪老還吃了幾道菌菇菜。香港作家古劍 1995 年隨香港作家團訪問北京，他特地抽空去看望汪老。汪先生下廚做了一盤牛肝菌，古劍吃得津津有味。汪曾祺告訴古劍，“這牛肝菌是雲南朋友送的，拿有特色的東西招呼朋友才有意思。”也許，這牛肝菌就是董秀英送的吧。

可能是受了“下海”大潮的影響裹挾吧，董秀英在 1993 年操持了一家飯莊，對於寫作，自然遠遠沒有先前的熱情和專注，其長篇小說《攝魂之地》，明顯地與同時期的優秀作品有較大的落差。

董秀英不幸於 1996 年因肝癌去世，彭荊風對她的“下海”及英年早逝深為惋惜。我想，若她的老師汪先生聞知，那也是要一聲長歎、幾番傷感的。

助力復出的三位女作家

說到汪曾祺"復出"，有三位姐妹應值得一提。她們是葛翠琳、梁清濂和王扶。

"四人幫"倒台後，汪曾祺陷入了無休止的檢查交代，兩年多寫了十幾萬字的交代材料，最後不了了之。汪曾祺心灰意冷，好長一段時間在鬱悶中虛擲時光，再也沒有創作的衝動和興致。在這種情況下，林斤瀾、鄧友梅等老朋友曾多次鼓動他再度寫寫小說，他幾位熟識的女作家也為他"復出"助了一臂之力。

先說葛翠琳（1930–2022），著名的兒童文學家，其代表作有《野葡萄》、《春天在哪裏》、《會唱歌兒的畫像》等，與葉聖陶、張天翼等並列為"中國童話十家"。汪曾祺在北京市文聯編輯《北京文藝》、《說說唱唱》時，葛翠琳為市文聯主席老舍的秘書，葛翠琳當然知道老舍對汪曾祺的器重，也了解汪曾祺的才華與人品，他們是同事也是朋友。在葛翠琳〈魂繫何處 —— 老舍的悲劇〉中，有一段關於汪曾祺的精彩“爆料”：

抗美援朝期間，市文聯人事保衛科的幹事交待葛翠琳把一張宣傳畫貼在老舍辦公室醒目的地方，圖中一隻大手伸向前，迎面指著你，眼光嚴峻逼人，還寫著一排字：你為前線做了什麼？“一會兒，汪曾祺來了，進屋看見那張宣傳畫，不以為然地大聲說：‘怎麼把主席辦公室弄得像中學生宿舍？’這話嚇我一跳。人事保衛科就在文聯主席辦公室旁邊。汪曾祺這人從不講違心的話，可他對政治鬥爭的嚴酷性像兒童一樣全然不懂。”

葛翠琳被錯劃為右派，勞改後回到北京，在北京木偶劇團幹點兒雜事。1977 年秋，葛翠琳在街上碰到汪曾祺，她熱忱地再三勸告汪曾祺重返文壇，寫小說寫散文。雖然汪曾祺並未立即拿起筆來，但內心顯然是有觸動的。

再說說梁清濂（1933- ），她當時是北京京劇團的編劇，和汪曾祺在一個辦公室工作，看過汪曾祺在解放前出版的《邂逅集》，並與汪先生合作改編過劇本《杜泉山》、《王昭君》，她對汪曾祺的才華可以說是十分了解，佩服得五體投地。在汪曾祺賦閒之時，她曾再三勸汪曾祺寫小說，但汪曾祺總是說“沒有生活，不知該寫什麼”。汪先生嘴上儘管如此說，但不等於心中一點不想。不久，汪曾祺終於躲在劇團裏寫出了〈受戒〉。梁清濂是〈受戒〉的第一讀者，也是第一批撰文盛讚〈受戒〉的作家。

第三位說說王扶，王扶比梁清濂還小幾歲，其時在《人民文學》做編輯。她也是一位才女，著有小說《桃花船》、科學童話集《綠色的童話》等。王扶是一位很有事業心和熱心腸的好編輯，她多方打聽到汪曾祺的住址並徑直登門向汪先生約稿，這使汪曾祺十分意外，非常感動。去汪家那天，汪曾祺出去了，汪老的大女兒汪明在家。汪明回憶說：

大約是 1979 年春天，王扶到了汪家。王扶說她上世紀 60 年代在《人民文學》組稿時，對汪曾祺的文章就有非常深刻的印象。她還列舉了當時頗有影響的幾位作家已經開始寫的例子……“不覺聊了兩個來小時，並不見老頭兒回家。沒有見成這一面，王扶挺遺憾。她要了紙筆，留了一張‘便條’，密密麻麻地寫了大半張紙。告辭時，她十分鄭重地託付：鼓動鼓動你父親，讓他寫！’”汪曾祺回家後，“老頭兒一屁股坐在那張破籐椅上，一遍遍讀那張‘便條’，挺仔細。仰面長歎：居然有人會記得我，那麼多年了！”（見汪明〈往事雜憶〉）不久，汪曾祺便創作了〈騎兵列傳〉，並迅速發表在 1979 年第 11 期《人民文學》上。這是汪先生“文革”後發表的第一篇小說，用汪明的話講，“這篇小說在汪曾祺的作品算不得‘重器’，也不甚令人誇讚，但是它畢竟標誌著一個開端。”

汪曾祺沒有辜負老姐妹們的心意，他用自己的作品回報了她們的關切之情，邁開了“復出”的第一步。

助燃升溫的三位女功臣

在《女作家筆下的汪曾祺》一書中，我搜集選輯了幾十位女作家回憶緬懷汪曾祺的文章，撰文者都是與汪老熟識的、有過交誼的，至少是有過一面之緣的。在編書過程中，我發現有三位女作家值得一提，雖然她們與汪老沒有見過面，但卻為廣大"汪迷"所熟知，她們為"汪曾祺熱"（或曰"汪曾祺現象"）的升溫和昇華作出了積極的努力與相當的貢獻，喜歡汪曾祺的讀者應當感謝她們，她們是：北京的郭娟、山東的段春娟、高郵的張秋紅。套用"兩彈一星"的簡稱，她們是"兩娟一紅"。

郭娟

2020 年人民文學出版社編輯出版的《汪曾祺全集》，把"汪曾祺熱"托舉到一個新的高度和新的格局；而《汪曾祺全集》的項目負責人郭娟則一下子進入千萬"汪迷"的視野，成了"汪迷"心目中的"網紅"。

新版《全集》不僅增收了小說 28 篇（其中創作於民國時期 25 篇），散文類作品 100 多篇，劇本 7 部；還收入新舊詩歌 257 首，較之北師大版多出了 169 首，其中 40 餘首從未見之先前出版的各種汪曾祺作品集，書信 293 封（北師大版僅 55 封）。且做到了每篇作品都講究底本、校勘精細，配有題註，打造出前所未有的汪曾祺作品的歷史性善本，使《全集》成為可與《魯迅全集》比肩的重量級精品。郭娟和同行們的努力終於得到了出版界的好評和廣大讀者的青睞，不僅一出版就贏得了一片讚譽，而且在出版一年內即加印了三次，累印數達 1.2 萬套；後來，又加印了六次，累計印數達 3 萬套，《全集》如同重磅快速助燃劑，使得"汪曾祺熱"更鋪展、更紅火！

汪曾祺先生的公子汪朗曾不止一次說，"一套《汪曾祺全集》熬壞了不少人"，"人生有幾個八年？就為了這一套書，花費了這麼多精力"，他十分感歎道："像主持編輯工作的郭娟，頭髮就白了不少。"

八年間，在人文社的微信、微博平台上，相關催問《全集》進展情況的信息有幾萬條之多。當然，這是壓力，也是動力。不過，僅有動力是遠遠不夠的；更重要的是要有相當的定力、功力和毅力。定力不足，易生毛躁之失；功力不到，難免訛誤之虞；而毅力不夠，則可能導致半途而廢、功虧一簣。所幸的是，郭娟的團隊特別能戰鬥，終於圓滿地完成了預定的任務。

且以小說卷為例吧。《全集》的小說卷可以說是《全集》的重中之重，眾所矚目。在對小說散佚的搜尋，版本的考訂，文字的校勘，題註的敲定等方面，郭娟帶領她的同仁付出的艱辛很難一一表述，其消耗的精力與心血更不待言。由於汪老經常東西寫完以後不知道扔在哪兒，發表以後也很少再看一眼。而且作品中引用的東西大多憑自己的印象，甚至抄原文也有抄錯了的。至於發現與訂正少數底本上的訛誤，這些都給《全集》編輯帶來了很大的麻煩、非常大的工作量。為儘早滿足廣大讀者和"汪迷"的需求，2016 年 4 月，人文社將《全集》小說卷裏的作品彙集為《汪曾祺小說全編》出版，此書一出，便立馬受到了讀者們的熱捧。2019 年 7 月，人文社又順勢推出了《汪曾祺小說全編（增訂版）》。小說全編以最初發表的版本為底本，以創作時間及發表時間為序，並在題註中標明原載報刊和收入集子及筆名、內容改動等版本信息。2020 年 3 月，《汪曾祺小說全編》又增補了新發現的佚作〈白松糖漿〉與《全集》同時發行，從眾所矚目走向了眾望所歸。

郭娟曾參加過《魯迅全集》的編輯工作，她汲取編輯《魯迅全集》的經驗和教訓，參照編輯《魯迅全集》的規程與體例，首先明確了輯佚、底本、校勘、註釋的原則；同時組建編輯班子，物色、確定各卷主編。這些前期工作，為《全集》的有序和優化奠定了堅實的基礎。到了中期，郭娟則要不停地與主編、分卷主編協調工作，商討、解決編校中出現的各種問題；還要適時將汪老子女提供的資料和出版社徵集的汪老散佚的作品寄送給各卷主編，其過程之煩瑣、數量之龐大、工作之繁重是不言而喻的。延至後期，郭娟的工作量更大、責任性更重，幾乎是在超負荷地前行。其時，郭娟要擇時了解和督促各卷進度，編發《全集》編輯動態，同時陸續地徵詢專家、學者對於《全集》的意見。交付印刷之前，郭娟數度審讀四百多萬字的《全集》書稿、核定《全集》全文，一時超負荷地工作，幾乎是日以繼夜、廢寢忘食。

2024 年 4 月，高郵的“汪迷部落”文學社組織了“尋訪汪曾祺足跡北京行”活動。當尋訪者一行走近人民文學出版社時，他們欣喜地發現，郭娟和出版社的領導已在門外迎接他們了。主客在出版社進行了親切的交流，郭娟所說的一些細節在尋訪者腦海中留下了難忘的印痕。比如，汪曾祺在上世紀四十年代發表的小說〈燈下〉中，由於是複印件，其中的一個字究竟是“攏”還是“拐”，難以辨識，經過一番努力查尋到了原件，才認定了是個“攏”字。又如“書信卷”中一封〈致朱德熙〉的信，落款是

“二月一日”，未署年份。該卷編輯根據信中汪老的一段話順藤摸瓜最終敲定了年份。汪老在信中說：“今晚酒後，畫了一幅酷似八大山人的畫，即於空白處錄舊作一首，覺意境頗相配稱，請送與呂先生（即呂叔湘）一看，可留則留。如不滿意，仍可再寫。”編輯找到了呂叔湘先生的原學術秘書張伯江教授，張教授終於在呂叔湘 1983 年 2 月的日記裏查找到“收到了汪曾祺先生的畫”這句話，確定了汪老這封信的年份。再如，汪老在 1982 年寫的〈說短〉一文中說，“現在的人看小說都是一手拿著漢堡包或者芝麻燒餅，吃一口看兩眼小說……”，但首次發表時，編輯卻把“漢堡包”改成了“麵包”。汪曾祺對此改動甚為不滿，在此後出的集子中，堅決把“麵包”改回了“漢堡包”。

除主持《汪曾祺全集》外，郭娟還寫了多篇品賞汪曾祺作品的文章，如：〈汪曾祺筆下的百工坊〉、〈汪曾祺：《七里茶坊》卻與茶無關〉、〈尚有風雞酒一壺 —— 汪曾祺的舊體詩〉、〈生活家：汪曾祺〉、〈不廢風雅 —— 汪曾祺的四方食事〉……她還精心為青少年讀者選編了《夏天的昆蟲．汪曾祺散文》、《半坡人的骨針．汪曾祺散文》這兩本經典讀本，啟發和輔導學生從汪曾祺的散文中獲取寫作文的豐富素材、無限靈感和生動語言。

2021 年 5 月 12 日，郭娟與人文社的同仁和汪朗、汪朝兄妹去福田公墓為汪老夫婦掃墓祭奠。她在汪老墓前獻上一束鮮花，並為汪先生的墓碑澆了一罐德國啤酒，還奉上了書香四溢的《汪曾祺全集》；她代表同仁向汪老虔誠致禮，向汪老傾訴心聲：

> 我們有幸編汪先生的全集，我們獲益匪淺，我們心中善的根苗、美的執念，都得到了汪先生的"加持"。

我相信，當讀者們在研讀品賞《全集》時，郭娟團隊們心中的"善的根苗、美的執念"也將會在我們的心中有所滋潤、有所提升。

段春娟

2012 年，我曾在〈點擊作家中的"汪迷"〉一文中寫到段春娟：幾乎所有的"汪迷"手頭都有她編的書，可以說，她既是"汪迷"，也是擴大"汪迷"陣容、拓展汪曾祺作品影響的一位有功之臣。

段春娟從 2005 年始，陸續策劃選編出版了五本分類的汪曾祺作品集——《五味》《文與畫》《說戲》《談師友》《人間草木》。2017 年，又推出了《我在西南聯大的日子》。汪曾祺的知交黃裳先生對這幾個選本大加讚賞，說出版社"做了一件好事"，還風趣地說："把曾祺細切零賣了，好在曾祺厚實，可以分排骨、後腿……零賣，而且'作料'加得不錯……我有曾祺的全集，但少翻動，不如這些‘零售’本，方便且有趣。”這幾本書後都有段春娟撰寫的側重於導讀的編讀記，正如徐強先生所說，她的編讀記“對相關專題做翔實評述並揭櫫文章背後的人格亮點，既是有感而作、自我抒發，也為讀者提供了可靠的閱讀地圖”。

為了編好這幾本書，段春娟可謂“ 汪情深”，全力以赴。就以《五味》的插圖為例吧，除幾幅汪老的書畫作品外，她特地翻閱了《中國美術全集》《三百六十行圖集》《野菜譜》等大部頭書，才選配了稱心如意的插圖，使《五味》圖文並茂、雅俗共賞，既有品位又有市場，更贏得了讀者一片叫好。那時的段春娟剛三十出頭，卻已在“汪迷”中有相當的知名度。青年作家畢亮坦言，段春娟是他讀汪曾祺的引路人之一，就是讀了她策劃、責編的那幾本書，他才進入汪曾祺的文學世界的。2021 年，畢亮在浙江古籍出版社推出了《如看草花：讀汪曾祺》，上面引述他的話，就在這本書中。

2007 年 5 月，段春娟與張秋紅聯手主編了《你好，汪曾祺》，並趕在汪曾祺先生逝世十週年之前出版發行。這是第一本紀念汪曾祺的專集，書中收集了黃裳、巫寧坤、楊毓珉、馬識途、宗璞、林斤瀾、鄧友梅、王安憶、鐵凝、賈平凹、陸建華等人的文章，從多個視角和不同層面向讀者展示了真實而親切的汪曾祺，也為了解、研究汪曾祺提供了豐富可靠的第一手資料。在北京作協召開的紀念汪曾祺逝世十週年座談會上，應邀出席座談會的高郵代表陳其昌特地把這本書帶到北京，分送給林斤瀾、鐵凝等作家，受到了與會同志的充分好評。

次年，我選編的紀念汪曾祺的專集在上海遠東出版社出版，應我之邀，段春娟撰寫了〈他是教人幸福呀 —— 讀汪曾祺〉一文。她對汪曾祺的理解遠超一般讀者的認識，她寫道，汪曾祺“用一支筆創造出了一個充滿善意和溫情的世界。也可以說他對人性、對生活的審美化觀照、解讀與再現正表達了他的理想 —— 那是他雖經磨難卻永存心底的渴望與夢想所在。心跡斑斑，可感可觸，汪曾祺的人文情懷正體現在這裏”。

如果說編輯出版汪曾祺作品是段春娟的本分工作的話，那麼，她對汪曾祺及其作品的研究則完全屬業餘，是出於對汪先生的敬仰和其作品的喜好。除那幾篇編讀記之外，段春娟陸陸續續寫了多篇具有研究性質且有學術價值的文章，諸如〈汪曾祺的幾方閒章〉〈汪曾祺書單〉〈彩雲散兮 —— 汪曾祺與楊毓珉〉〈他的小說混合著美麗與悲涼 —— 汪曾祺筆下的魯迅〉〈那些久久不散的美 —— 讀汪曾祺《昆明的雨》〉等，獨闢蹊徑，別具慧眼，在《光明日報》《名作欣賞》等報刊發表後，迅速在“汪迷”讀者群中廣為傳閱，甚至成了熱門話題。

2020 年，段春娟將她這十餘年來所撰寫的有關汪曾祺的文章結集出版，書名曰《讀汪記》。此書於 2021 年 1 月於中國書籍出版社出版。段春娟在 2020 年 3 月 14 日寫就《後記》，《後記》的最後兩行是 —— 感謝百歲的汪曾祺先生，毫無疑問，他的文字滋養了我，影響了我。這些年來邊讀邊記，遂有了這些文字，是為“讀汪記”。

段春娟家中的書櫥，整整齊齊地排滿了百餘本汪老的各種文集和選本，還有汪曾祺作品賞析和汪曾祺研究的多種資料。她說，這些年來所讀過的書，汪曾祺列於首位，有的文章雖已讀過數遍，卻常讀常新，總有收穫。在汪曾祺百年誕辰之際，段春娟寫了〈長留小溫在人間〉一文，刊在《中國教育報》上，在她看來，汪先生的文字就像新鮮的空氣，對身心都有滋養，她視汪曾祺的作品為“人生修養書和美學課”。其微信名“白雲一片”也源自汪曾祺，“汪迷”朋友們會不時地看到她發送的關於汪曾祺的資訊。傾心為“汪曾祺熱”助燃升溫，已成為她自覺的使命和歲月的樂章。

張秋紅

張秋紅是汪曾祺的同鄉，土生土長的高郵人，且從出生到至今，從上學到工作，幾乎一直都生活在這裏。她十分熱愛故鄉這片土地，熟悉里下河的風土人情。她也非常喜歡汪曾祺的作品，尤其是那些描述高郵的小說、散文以及詩歌。雖然她與汪曾祺未見過一面，但天時地利，賦予了她對汪先生的由衷崇敬和無限摯愛，並使她成為“汪曾祺熱”的“助燃”功臣與“升溫”推手。

早在 2000 年，張秋紅就為“汪曾祺熱”點燃過一把旺火。那年，高郵在文遊台景區建成了汪曾祺文學館，文學館一進門就可看見一尊汪曾祺的半身造像，這尊造像就是張秋紅動員故鄉的共青團員們捐款雕塑的。那年，她剛三十多歲，任高郵團委書記，風華正茂，朝氣蓬勃。2020 年，新建汪曾祺紀念館落成，這尊塑像又移放於紀念館；張秋紅也由當年的團委書記升任為市委宣傳部部長、人大常委會主任。可喜可貴的是，在任宣傳部長、人大常委會主任期間，她依然“一汪情深”，有增無減，不僅盡心盡責地籌建汪曾祺紀念館，滿腔熱忱地關心扶助家鄉的“汪迷”群眾團體，還積極參與了全國與江蘇作家協會舉辦的多項汪曾祺的評獎活動。

從相關資料中，我給她梳理出了一份“流水賬”：

2006 年 4 月，陪同作家曹文軒、王幹參觀汪曾祺文學館。8 月，陪同作家賈平凹參觀汪曾祺文學館。

2007 年 4 月，出席文學評論家陸建華“永遠的汪曾祺”講座。5 月，出席高郵紀念汪曾祺逝世十週年活動。籌劃、組織和落實紀念汪曾祺逝世十週年系列活動。

5 月，與段春娟主編的紀念汪曾祺逝世十週年紀念文集《你好，汪曾祺》在山東畫報社出版。

2008 年 10 月，與王安憶一起在汪曾祺妹婿家聊天。

2009 年 2 月，陪同作家蔣子龍參觀汪曾祺文學館。同年，籌劃、組織紀念汪曾祺九十誕辰活動。

2010 年 2 月，赴京拜訪汪曾祺子女，共商紀念汪老誕辰九十週年相關事宜。同年 5 月，陪同作家鐵凝參觀汪曾祺故居、汪曾祺文學館。

出席“九十汪老——紀念汪曾祺誕辰九十週年”系列活動。

2017 年 5 月，籌劃、組織紀念汪曾祺逝世二十週年活動，為汪曾祺特種郵票發行儀式揭幕。

2018 年至 2019 年，參與和操持興建汪曾祺紀念館的立項、設計、佈展等工作。

2020 年 3 月，出席紀念汪曾祺誕辰一百週年座談會。5 月，出席汪曾祺紀念館開館儀式和相關活動。

2021 年 5 月，接待民盟南京鼓樓綜合一支部參觀汪曾祺紀念館。

2022 年 3 月，為汪迷文學社文學創作獎頒獎。

2023 年 6 月，出席第二屆“‘我的老師’汪曾祺散文大賽”頒獎典禮。10 月，出席“汪曾祺的二十世紀——青年批評家研討會”。11 月，出席作家蘇北《憶汪十記·讀汪十記》和《湖東汪曾祺》分享會。

張秋紅的文筆也不錯。在〈一汪情深門庭暖〉這篇散文中，張秋紅描敘了她接待王安憶等作家的一些生動細節，此文一度被“汪迷”們熱情傳閱，點擊率忒高。而王安憶等文學大咖對張秋紅品評亦“不醜”，王安憶惜墨如金，曾把對張秋紅的印象濃縮成十二個字——“相貌十分端麗，而且態度嫺靜”（見〈去汪老家串門〉），她對張秋紅的印象之佳，於此可知矣！

二十多年來，張秋紅擔負著市委、市政府交給她的責任，承載著高郵人民賦予她的期望，同時也寄託著她對鄉賢的敬仰和摯愛。她曾說過，“為紀念汪曾祺誕辰一百週年……我們做了大量謀劃和籌備工作，雖然受到新冠肺炎疫情影響，不少活動都一再延期，但我們的工作從未停頓過，對汪老的熱愛之情、紀念之心尤為赤誠。”“一個地方文化事業的興盛，既需要有因一人而聲名鵲起的契機，更需要一群人默默奉獻的基礎。”而張秋紅，就是一群人默默奉獻的人中的一位，一位起到了重大作用和付出了很多心血的功臣。

當年，她曾和鐵凝在汪曾祺文學館前種下了一棵紀念樹。在某種意義上說，她代表了汪老的故鄉人，鐵凝代表了當代作家，而那棵樹，則象徵著文化自信與文化傳承，寄託著緬懷和希望。

女記者筆下的汪曾祺

1986 年，“新時期十年文學”國際研討會在上海召開，樂黛雲、黃蓓佳、鍾振奮、謝冕、黃子平、陳丹晨、吳泰昌等一批北大中文系畢業的作家、評論家見面分外興奮，便提議一起合影留念。“就在攝影者要按下相機快門的那一刻，在一旁留意看我們言行的汪曾祺先生突然‘跳’進了畫框中，說了聲：‘我也是北大的！’那神情就像個活潑的頑童。我們這時才發覺在無意間把汪先生給‘遺漏’了：對啊，他可是西南聯大出身啊！我們這些後輩自然是熱烈歡迎這個帶點調皮的‘老同學’的加入，把這個最年長的系友請到了畫面中心的位置。”鍾振奮時為《中國文學》（雙語版）記者、編輯，在〈真淳淡遠汪曾祺〉一文中，她為“老頑童”汪曾祺留下了這一精彩的剪影。

福建的劉勁松曾在《人民日報》海外版為實習記者，她與汪老的相識在桐廬的一次筆會上。她對汪老印象是，在桐廬“汪先生一路上談古論今，興致很高。一行人走到山頂茶園品茶，汪先生喝著新茶，說起茶事，又是一副悠然自得的樣子。他晚飯時喝了黃酒，興味盎然。

> 回到賓館，應當地接待人員的要求，汪曾祺為當地留下墨寶。“沉潭千尺釣，萬古一羊裘”，剛看完嚴子陵釣台，又吃過老酒，汪先生乘興提筆寫字。他下筆速度快，那字更似枯藤般遒勁，字態有一股安然的氣度。寫好題字之後，出乎意料的是，汪先生想出要給圍觀的兩個晚輩各寫一幅字，給我寫的這幅是柳永詞〈滿江紅〉中的一段：桐江好，煙漠漠。波似染，山如削。繞嚴陵灘畔，鷺飛魚躍。

劉勁松十分珍惜這幅畫，她說，“能夠得到先生的墨寶，實在是我與老先生此生的緣分，我珍藏至今。”

就在採風期間，突然傳來沈從文先生逝世的噩耗，汪先生聞知悲痛不已。劉勁松記得很清楚，“那幾天汪先生神色凝重，他就在賓館的小桌子上，用鋼筆在稿紙上寫下了悼念文章〈一個愛國的作家——懷念沈從文老師〉。”

曲令敏是河南《平頂山日報》的記者、副主編，汪先生應邀曾為該報副刊題寫過刊名“落凫”，並先後把〈公冶長〉、〈水蛇腰〉等五、六篇小說給該報首發。曲令敏說，“先生的每篇稿子都是等小報副刊發過之後再給名頭大的雜誌，這讓我非常感動。”

令她感動的還有一件小事。曲令敏回憶道：“我最後一次去看望汪先生是 1996 年中秋節……記得那個下午我是帶著四歲的孩子一起去的，先生很高興，又是拿蘋果又是遞香蕉，還讓孩子坐在腿上，就像爺爺一樣親。他笑說：令敏，這孩子長得太像你了，怪不得你總是說他。”

汪老爺子對孩子特別親，有一次，浙江女作家袁敏也是帶了一個小傢伙去汪府的，小傢伙十個月不到，很可愛。汪老爺子不僅為他特地搞了蛋羹，還把他抱在懷裏，執意要親自喂他。不料那小子居然在汪老腿上“噗啦”就撒了一泡尿，汪老哈哈大笑，朗聲讚曰：好！說尿就尿，男子漢大丈夫！

應魯迅文學院之聘，汪先生曾多次在院裏為學生們講課。陳慧民曾在院裏學習過，因她在班上年紀最小，又長得小巧可愛，同學們便送了她一個雅號：小熊。在開學典禮那天，小熊搶佔了一個最佳座位，她說：“他（汪曾祺）一坐下來，便掀去他那頂獵人式帽子，露出一個撒滿初霜的頭來。額頭上刻下一道道波紋浪跡，黑裏透紅的臉龐飽經滄桑。他的眼睛，從渾濁的老態中，閃動著不為歲月淹沒的奕奕神采。……他的眼睛確實令人難忘。只是他的背有點駝了，到底歲月不饒人。”

“汪曾祺望著台下的莘莘學子，說：你們是早晨八九點鐘的太陽，而我呢，是一棵奇形怪狀的‘老盆景’。笑聲，打斷了他的話。‘每一次跟年輕人接觸，都是對我這棵奇形怪狀的老盆景下了一場春雨。’掌聲，熱烈的掌聲潮水般湧來。那天，汪老話不多。但就這個‘老盆景’喜逢春雨的比喻，足以讓我們記住一輩子了。”

尤其讓小陳高興的是，當汪老得知她是班上最小時，竟俯下身悄悄對她說：“胖妞，我畫一幅畫送你。”在這幅畫上，汪老親切的題了四個字：胖妞小像。畫上的一隻小黑熊，正瞅著眼前的那根紅紅的胡蘿蔔，蠢蠢欲動，憨態可掬，用小陳的話說，這幅畫讓同學們眼紅得要命。

《體育報》發過一篇〈踢毽子〉的文章，曾一時被廣大讀者爭相傳閱。文章的作者是大名鼎鼎的汪曾祺先生。向汪先生約來這篇稿子的是報社的記者王海玲。那天小王登門請汪老賜稿，但老頭兒總覺得與體育沾不上邊，笑著搖了搖頭。不過海玲並不氣綏，她央求汪老說不沾邊兒的也行。三磨兩磨，汪先生爽快地答應了：“那就寫篇踢毽子的吧。”王海玲說，“我滿心歡喜地告辭出門，一為約到了稿，更為見到了汪老，汪老的隨意，毫無做作的率真，令人尊敬。”汪老是個重諾的人。過了三四天，海玲就收到了這篇〈踢毽子〉。她說，“文章寫得美，稿紙上字寫得蒼勁，透著一種文化的底蘊。〈踢毽子〉自然和體育沾邊兒，字裏行間流露出汪老對童年生活難以割捨的回憶，那濃郁的鄉土氣息，那凝重、厚實的敘事和不瘟不火的抒情，令人擊節。”海玲在〈向汪先生約稿〉這篇文章中，甚至情不自禁地流露了其時的興奮之情——在當時的“登攀”版頭條見報後，在報社大樓裏，著實驚動了不少“汪曾祺迷”們。

1991 年 4 月的雲南“紅塔山筆會”去了不少女作家、女記者，京城媒體的記者李曉燕在那裏與汪先生有了近距離接觸。李曉燕筆下第一次見到汪曾祺是這樣：

> 在首都機場，我見到了汪曾祺，一個拄著拐棍的黑瘦小老頭，稀疏灰白的頭髮，兩隻晶亮的眼睛裏閃著神秘的光。

在筆會上，因為汪老年高、愛喝酒，須多休息，她與汪曾祺雖然沒有說多少話，但在大理的一次晚宴上的汪曾祺，使曉燕終生難忘——

> 酒過三巡……不知道什麼時候，汪曾祺出現在我們的餐桌前，他顫巍巍地舉著酒杯，環顧著高洪波、李林棟、李迪和我，用低沉的語調清楚地說：“為你、為你、為你、為你，為你們在這裏逝去青春，乾杯！”

我的心一下子抽緊了，淚水奪眶而出。再看那三位，五尺男兒個個都是熱淚盈眶。此刻的汪曾祺，讓我看到了他人性那道至真、至善、至愛的光芒。對歷史，對現實，對晚輩！那一刻，他讓我見識了什麼是"大家"！

那天，汪老也向同行的女作家先燕雲及周桐淦、李迪等作家敬了酒，李迪在〈追憶汪曾祺〉中也追憶了當時的情景。這一節不長，我照抄如下：

那年離開雲南回京的前夜，晚宴上汪老舉著酒杯走到我跟桐淦面前說，我們啊，我們這些人是多麼善良！為了這個善良，我們付出的太多、太多！說完，他老淚縱橫！

汪曾祺住的書房小、條件差、家具舊，不少記者文章都說到了這一點。《光明日報》記者武勤英到汪老家採訪，當然也注意到了。她用語不多，但句句實在，偶及汪老其人也頗傳神，尤其是寫到汪老與小孫女的親昵的這個小插曲，更覺情趣盎然。她寫的文章題目是〈看書買書寫書——作家汪曾祺的書房〉，文章開門見山地寫到：

歲末最後一天。在老作家汪曾祺那間7.5平方米的書房裏，不時從窗外傳來震耳欲聾的爆竹聲和樓上鄰居跳迪斯科的“蹦嚓”聲，我們的談話不得不提高了調門……這個老知識分子外表顯得有點悶，有點怪，可說起話來，還挺幽默。書房裏的擺設全是舊的，書櫃三屜桌上七長八短地塞滿了書，連牆上掛的畫也透著古風。看著喜滋滋的白髮的汪曾祺坐在一把有窟窿小眼兒的破籐椅上，我暗笑他的夫子氣。三歲的小孫女捧著桔子進來了：“阿姨，你吃！”說完，不好意思地撲向爺爺。汪曾祺早已伸出雙臂一下子把這個“歡喜團”抱在懷裏。粉嫩的小臉配著頭上的小紅花，催開了這位67歲老人額頭上的深深皺紋……

台灣記者蔡珠兒是一位美食家，寫得一手美食的美文。1994年1月，台灣《中國時報》舉辦了“1940-1990華文小說研討會”，汪曾祺應邀與會。期間，蔡珠兒採訪了汪老，但他們沒有說美食，談的是文學，重點是小說。1月14日，《中國時報》發表了蔡珠兒的專訪文章〈小說像童年的往事〉。文章的一開頭就是蔡珠兒對汪曾祺採訪時的“特寫”：

他行動遲緩，步履蹣跚，臉上有種既祥和又空茫的神情。行徑有時出人意料：從香港來台北下飛機時，還和空服員一一握別，弄得空中小姐受寵若驚，不知所措。今年74歲的汪曾祺舉止間確有掩不住的龍鍾老態，然而一談起文學小說創作，他的勁兒全來了，思想清楚，口齒捷利，眼中閃現著熱切的光芒，有時候表情甚至是凌厲的。他的身上綜合了呆滯與精明的兩種極端，令人難以分類歸檔。

專訪較長，都是圍繞小說創作縱談的，筆者就不贅錄了。

《北京晚報》的資深記者、編輯趙李紅與汪曾祺先生交往時間長達十年之久，採訪、約稿、開會、聊天……在文章中留下了不少汪先生可敬可親、重情重義的動人描述——

其一：一個淡泊名利的人。有一天，趙李紅去採訪汪老。"中央電視台剛剛為他拍完一個專題片。我問他是什麼專題系列？看淡功利的汪老竟說不上來。只知道被拍的人中他是第三位，其他兩位是趙樸初和蕭乾。"

其二：一段襟懷坦白的話。汪先生直言在台灣參加"港、台、大陸1940-1990小說研討會"的兩點感受。他說，"一是台灣的作家、評論家的英文能力強，引用時英語流利。對外國文學也能直接讀原文。""另一點是，在我所接觸的作家、評論家、編輯、記者以及講解員中，他們的古文、古詩詞底蘊很厚實，文化素養很高。"對台灣有一位文學評論家說他的"小說〈復仇〉和〈受戒〉，嚴格說來不是作品，是習作。"汪老的反應是，"我聽了很舒服。"

其三：一顆感恩的心。趙李紅告訴讀者，“人們都說汪老清高，其實汪老是位很重感情的人。他受知於《北京文學》，對編輯家李清泉有一種特殊的尊重。他自告奮勇說：只要有李清泉出面，自己是隨叫隨到。別的作家，比如王蒙、鄧友梅等名家，他負責去請。大家聚聚，聊聊，給《北京文學》寫稿，也不用備飯，一杯清茶即可。”

其四：一件暖心的事。1997 年 3 月中旬的一天，小趙突然接到汪老的電話，汪老說：“我是無事忙呵。最近我管了一個閒事，我看了《北京日報》3 月 7 日車軍的一篇文章，叫〈愛是一束花〉，我流淚了。我讓林斤瀾和邵燕祥每人寫了一篇。”趙李紅大喜過望，迅速找來那張報紙。原來，作者車軍的妹妹患乳腺癌，她還不曾享受過女人的舒心，就被剝奪了做一個完整女人的機會。臨進手術室時，車軍為妹妹在冰天雪地中買回一束鮮花……為此，汪老寫下〈花濺淚〉，林斤瀾寫下〈隔河看柳——《愛是一束花》讀後〉，邵燕祥寫下〈不止因為真情〉。《北京晚報》和《北京日報》同時將汪老他們三位的文章刊發，還組織車軍與他們見了面，在讀者中產生了很大影響。

其五：一封致歉的信。信是寫在〈北京的秋花〉最後一頁稿紙上的，很短——

小趙：你關心我老伴的病，屢去探視。我沒有給過你稿子，極歉疚。茲寄奉短文，乞裁處。曾祺 中秋節。

窮搜腦海，實在想不起來有過哪位大作家如此這樣向編輯（還是小一輩的小編輯）致歉的。大作家能給你稿子就不錯了，沒給稿子，還致歉？！這封三十多字的信，我深切地感受到了汪老對小輩編輯的尊重。

信中所及"老伴的病"，是在1995年。那次汪師母不慎摔倒，住進了宣武醫院。趙李紅不知道此事，一天打電話給汪老說是要來談事。汪老告知要去醫院，說改日吧。小趙得知，便叫了出租車與汪老和汪朝一起去醫院，汪師母見了小趙來看她，十分高興。後來小趙又去了幾次，汪老心中很是不安，遂抓緊寫了〈北京的秋花〉給了趙李紅。順便提一下：這封信，北京師範大學出版社和人民文學出版社的《汪曾祺全集》都沒有收進去，很可惜！

痛飲淺斟共舉杯

汪曾祺的女兒稱汪先生是“泡在酒裏的老頭兒”。劉心武說，若有人研究中國文人與酒的關係，汪老絕對是一個值得深入剖析的例子。李輝則言，汪曾祺酒至微醺狀態，他會變得尤為可愛，散淡與幽默天然合成。我以為，他們說的都是對的，是言之有據的。下列汪老與女作家們分杯的一些“現場”實錄，可供參考、可作佐證也！

1993 年 2 月，江蘇《鐘山》等五個文學雜誌社與海南藍星經濟文化發展實業公司在海南舉辦了首屆“藍星筆會”，汪老作為特邀嘉賓偕夫人一起與會。作家王必勝回憶說：“汪曾祺老先生那時酒量很在狀態，酒後多有妙語，他幾次同范小青、張欣等女士比試酒量。雖有夫人在旁管束也無妨，常常是興味盎然，酒意闌珊。”（見王必勝〈讀寫他們〉）

王幹在〈汪曾祺海南二三事〉中也說：“汪先生雖然年齡大了，但他愛和年輕人打成一片，尤其喝酒，一點也沒有老態。他喝了酒以後，語速也快，妙語如珠。我們都願意和他一起喝酒。年輕的女作家張欣等更是受到汪先生的青睞，多次碰杯，施松卿老師一開始還阻攔，後來也就隨大流了。”隨大流者，放手放任也，於是汪先生喝得不亦樂乎！有一天恰逢上海女詩人王乙宴生日，與會作家借酒以賀，席間江蘇作家范小青過來敬酒，汪老舉杯歎曰：慵懶！在海南的幾天，范小青與汪老大概不會只碰一次杯吧，因為范小青也是個女性酒仙哦。據作家儲福金說：記得有一次參加筆會，晚飯時，同桌的劉震雲、王朔等勸酒范小青，范小青喝多了酒，便會咯咯地笑，我坐在她身邊，見她已成目標，不免生出一點“護花”之情，伸手去接倒酒的壺，嘴裏說著：我來代喝。誰知范小青咯咯笑著把我的手打開：誰要你代！

1993 年 7 月，汪曾祺參加了“泰山筆會”。在筆會上，向汪先生求字索畫的不少，他每天都要於晚餐後臨池揮毫。葉夢在〈我所認識的汪曾祺先生〉中說：“一次，我從賓館的一間廳裏穿過，被正在寫字的汪老叫住了，他讓我幫他弄點酒來。他說只有喝了酒，字才寫得好。汪老還讓我陪他喝酒，很小的酒盅，喝一杯寫一幅字。當時我沒有勸汪老少喝，反而聽命陪他喝。就這樣喝著喝著就寫完了一大疊字。”她風趣地說：“當年在泰山得了汪老的字的人，現在拿出來只怕還噴著酒氣。”作家畢玉堂那時在泰山風景區管理委員會工作，幾乎一直在陪同汪老等一行人活動，葉夢與汪老對飲的事，他寫的〈汪曾祺在泰山〉裏也提到了——“一天晚飯後，他鋪氈疊紙，一管毛筆從晚十時揮灑至凌晨一時不曾釋手。我清楚地記得他為湖南女作家葉夢橫豎寫了四幅《湘西尋夢》的題簽，竟和葉夢連乾八杯。”《湘西尋夢》是葉夢的散文集，後在廣西民族出版社出版，若如葉夢所言，這四幅題簽當酒氣更重、酒韻更香也！

安徽的年輕女作家董煜的父親是汪先生西南聯大的校友，並與他有過交往。有一次，董煜帶著她寫的小說散文去拜望汪曾祺，希望他給予指點，同去的還有董煜的一位文友。汪老對董煜十分熱情，和董煜聊起了她父親在昆明的往事，並認真看了董煜的作品；還特地留下兒子汪朗陪酒（汪朗本來是要去丈母娘家的）。董煜寫過一篇回憶文章，題目就叫〈在汪曾祺先生家喝酒〉，文中這一段特別有趣：

> 汪老問，你們喝不喝酒？我這什麼酒都有的……我說汪老，您想喝啥我就陪您喝啥。汪老說，你們南方人喜歡黃酒，我們就喝黃酒吧。他從房裏搬出一個小罎子，圓圓的，像個地雷。外面還有黃黃的釉。他親自搬著那地雷給我們

倒酒，倒得咕嘟咕嘟的，還不讓別人幫忙。酒杯是綠瓷做的，很不小，我估摸著，起碼能裝四兩酒。可是一問，汪老卻說，沒有沒有，只能裝二兩。正疑惑呢，汪夫人插話了，說把容量說得少一點，他就可以多喝唄。滿座皆笑。一杯一杯，稀裏糊塗的，也不知喝了多少。

上世紀八十年代，汪曾祺是不少報刊索稿的重點對象、首選目標。時為《羊城晚報》編輯的胡區區上門向他約稿，被汪先生留住吃飯，其實，吃飯之目的在對飲耳。她說："汪先生好酒，有次他留我吃飯，摸出兩瓶酒——紅酒和白酒，問我：'喝紅的還是喝白的？'我說：'您呢？'他瞟了一眼旁邊的夫人，說：'我喝紅的。'汪夫人說：'別裝了，趁我不在，老偷著下樓買白酒，別以為我不知道。'"（見胡區區〈找汪曾祺先生約稿〉）

上海女作家姚育明說得好：談到汪老師，酒字是繞不過的，他本身就像一個永不枯竭的大酒罐，分杯汪曾祺是許多人的願望。姚育明在《上海文學》為編輯時，曾和她的頂頭上司楊曉敏一起到汪老府上去約稿，汪老留她們吃飯，"那次楊曉敏一口答應留下吃飯，這個一向禮貌的女子連客氣話都不說，多少讓我感到意外……他問我們會不會喝酒，我說不會，楊曉敏卻說色酒、白酒都行。他立即興高彩烈起來，好，有酒伴了。當楊曉敏欲與他碰杯時，他擺了下手：換碗（是要換他自己的酒杯）！當時汪老師和楊曉敏頻頻碰杯，我驚訝他的隨意，楊曉敏的笑顏也讓我驚奇，她在單位似乎嚴肅有餘輕快不足。這是一個新發現，似乎和汪老師一起喝酒，不但能壯大酒力，還能激發出潛伏著的活力。”而姚育明的這篇文章，就叫〈分杯汪曾祺〉。

汪先生在舒婷家喝過一次別樣的酒，那是徐卓人〈酒逢知己，斯文的醉〉一文中說的。一次在鼓浪嶼開會，舒婷邀汪曾祺和林斤瀾兩個到她家喝酒。酒的品種不少，牌子也不錯，但沒一個瓶是原封的。接待客人，開了酒，客人走了，剩下的酒重新蓋起來，存在那兒，她不喝，她家裏也沒有一個喝酒的，這酒一存也不知存了多久，哪裏還有原來的味兒。徐卓人問：“那你哥倆還喝嗎？”林斤瀾先生眼一愣：“喝，不喝又怎麼辦？”舒婷是喝點酒的，甚至還常常嚮往醉一次。那天，她與汪曾祺、林斤瀾究竟喝了多少酒？喝的時候狀況如何，似乎舒婷從來沒有說過，林斤瀾也只說了這幾句，而汪先生曾在〈初到福建〉裏提到去舒婷家的事，文中說到舒婷家的擺設，提起那天吃的菜，就是几句，未寫喝酒。我揣測，他老先生乃酒仙也，此酒何味，他焉能不知乎？

汪先生在美國愛荷華喝酒的趣事逸聞，我曾寫過〈酒仙醉臥愛荷華〉，這裏僅補敘兩句，其他的就不贅述了。在聶華苓家暢飲的當然不止是汪曾祺，王安憶、余華、莫言、鄭愁予、白先勇等許多作家都是座上客，啤酒、威士忌，什麼酒都有，什麼酒都喝，以至有人把“國際寫作計劃”戲稱為“國際喝酒計劃”，這對於汪曾祺此等酒徒、酒仙來說，那豈不是“正合吾意”乎！

馮亦代先生曾說過：“兩位海量的女作家，一位是旅美的李黎，一位是國內的諶容，看她們喝酒如喝水，豔羨煞人。”（馮亦代《喝酒的故事》）汪曾祺和這兩位都碰過杯、喝過酒，但未見過他與她們對酌的詳細實錄。曾見過一幅汪曾祺與李黎在美國愛荷華“國際寫作計劃”的合影，照片上李黎在展示汪老送給她的一幅畫，汪先生一隻手端著酒杯，笑眯眯地站在畫的旁邊，兩個人的臉上春意盎然，洋溢著飲者的燦爛。

後記

1987 年 10 月 20 日，汪曾祺先生在美國愛荷華給夫人施松卿寫了一封信，他在信中報告：

“不知為什麼，女人都喜歡我。真是怪事。”

接著，他還遞交了一份佐證：

“聶華苓説：‘老中青三代女人都喜歡你。’”

你者，汪曾祺先生也。女人者，則多為女作家也。

不可否認，女作家們確實喜歡汪先生。她們有的喜歡汪老的小説、散文，有的喜歡汪老的詩詞、戲劇；有的喜歡汪老的幽默、風趣，有的喜歡汪老的睿智、洞察，有的喜歡汪老的寬厚、率真，有的喜歡汪老的博學、廣聞；有的喜歡緣於汪老送了她書畫，有的喜歡是因為汪老給她寫了序言，有的喜歡汪老所調製的佳餚，有的喜歡汪老與她一起舉杯小酌……這些人當中，有作家、書法家、報刊編輯，也有學者、記者、業餘作者；她們有的與汪老交往多年，有的在文學活動中常見面；但也有的只是萍水相遇、甚至只有一面之緣……本書所寫到的女作家，大多數都是與汪先生有過交往的，只有三位未見過汪先生，然而，她們那樣真誠地喜歡汪先生，“一汪情深”令我深為感佩。

王安憶與汪曾祺接觸較多，她說的幾句話有一定的代表性。她說：“這個老頭子蠻好的，他真的是叫作親切啊，他很有趣，和他在一起非常舒服……”本書中說到的那些女作家，她們幾乎都有相似的感受。在她們的心目中，汪曾祺是一位可敬可愛的大作家，一個可親可近的老頭子。汪先生的忘年交徐城北在《憶汪曾祺》一文中說：“他這一輩子，無論寫文章還是與朋友晚輩相處，所行不外讓大家愉悦。活著，力求自己瀟灑，別人也滋潤；去了，則希望留下一些歡娛和秀美。”從本書所記敘的汪曾祺與女作家們的交往軼事中，讀者們一定會真切地感受到汪先生“留下的一些歡娛與秀美”。

曾有人云，汪曾祺與女作家的交往是中國現代文學史上的一段佳話。此言甚是。若謂本書是佳話的濃縮版或節選本，似乎有點自誇；但至少可以為讀者進一步了解、研究汪曾祺，多打開一個視窗，多拓展一個視角。更期望讀者能從中多獲取一點文學情致，多滋長一些生活情趣，多增強一份家國情懷。

感謝汪朗先生慨然賜序，感謝汪朝女士惠貽汪曾祺先生與女作家的合影！

感謝蔡嘉蘋女史傾情撰寫《她們為什麼喜歡汪曾祺》，向讀者熱忱推薦本書！感謝林冕小姐、莊園小姐為拙著順利問世所付出的辛勞！

感謝王幹、王振羽、李建新、徐強、龍冬、韋明鏵、杜海、李鵬等朋友對書稿的關心與扶持！

2025 年 5 月

責任編輯	莊園
書籍設計	a_kun
書籍排版	楊錄

書　　名	汪曾祺與女作家交往軼事
著　　者	金實秋
出　　版	三聯書店（香港）有限公司 香港北角英皇道 499 號北角工業大廈 20 樓 Joint Publishing (H.K.) Co., Ltd. 20/F., North Point Industrial Building, 499 King's Road, North Point, Hong Kong
發　　行	香港聯合書刊物流有限公司 香港新界荃灣德士古道 220-248 號 16 樓
印　　刷	美雅印刷製本有限公司 香港九龍觀塘榮業街 6 號 4 樓 A 室
版　　次	2025 年 7 月香港第 1 版第 1 次印刷
規　　格	大 32 開（140mm × 210mm）240 面
國際書號	ISBN 978-962-04-5701-2